The Money Illusion

货币幻觉

〔美〕欧文·费雪（Irving Fisher）　著
曹 乾　译

GUANGXI NORMAL UNIVERSITY PRESS
广西师范大学出版社
·桂林·

HUOBI HUANJUE

本书译自 Irving Fisher, *The Money Illusion*, Adelphi Company, 1928。

出 品 人：刘春荣　　装帧设计：林　林
责任编辑：李佳楠　　责任技编：郭　鹏

图书在版编目（CIP）数据

货币幻觉 /（美）欧文·费雪（Irving Fisher）著；曹乾译. —桂林：广西师范大学出版社，2022.4（2022.10 重印）
ISBN 978-7-5598-4640-2

Ⅰ. ①货… Ⅱ. ①欧… ②曹… Ⅲ. ①货币—研究 Ⅳ. ①F82

中国版本图书馆 CIP 数据核字（2022）第 022619 号

广西师范大学出版社出版发行
（广西桂林市五里店路 9 号　邮政编码：541004
网址：http://www.bbtpress.com）
出版人：黄轩庄
全国新华书店经销
湛江南华印务有限公司印刷
（广东省湛江市霞山区绿塘路 61 号　邮政编码：524002）
开本：889 mm × 1 194 mm　1/32
印张：6.125　　字数：80 千字
2022 年 4 月第 1 版　　2022 年 10 月第 3 次印刷
印数：8 001~11 000 册　　定价：59.00 元

译 者 前 言

货币幻觉思想的命运一波三折。1928年，费雪提出了货币幻觉思想，成为理解经济学尤其是宏观经济学的一把钥匙。自1967年开始，这把钥匙被主流经济学家嫌弃和抛弃。近一二十年来，它又被一些经济学家特别是行为经济学家重新拾起和重视。

货币幻觉思想的兴起

什么是货币幻觉？先说幻觉。幻觉的意思是错觉，比如当物体逐渐远离我们的视线时，我们错误地认为它在变小。货币幻觉，简单地说，就是人们对货币的错误看法，主要指人们认为货币的价值不变。

在以物易物的社会，由于不存在货币，自然也就不存在货币幻觉。当货币作为一般等价物出现以后，货币承担了一系列职能，其中一项职能为价值尺度，或称记账单位。例如，你在商店里看到一件衬衫标价100元；你上个月收入8 000元，支出5 000元。在这些例子中，货币都是价值尺度。正如米是长度尺度、千克是重量尺度一样，货币是价值尺度。也就是说，我们用货币衡量物品的价值。

想象一下用天平称取1千克大米的情景。天平的一侧是重量为1千克的砝码，天平的另一侧放大米。调整大米的数量，直到天平平衡。这时大米的重量正好也为1千克。我们很少意识到砝码会磨损，从而导致称取的大米重量不足1千克。例如，假设砝码的外观完好，仍标注着1千克，但内部因腐蚀或其他原因使砝码的真正重量变为0.5千克，这时你称取的大米名义上为1千克，但实际上只有0.5千克。这种情形，我们可以称之为重量幻觉或砝码错觉，因为我们想当然地认为砝码的重量是恒定的。类似的，假设去年1元钱能买到1千克大米，如果我们想当然地认为1元钱（在价值上）恒定，总能够买到1千克大米，那么我们就掉进了货币幻觉陷阱。在经济学家眼里，如果从去年开始到现在，货币已贬值了50%，那么现在的1元钱只能买到0.5千克大米。

你去某山村旅游期间，到当地商店购买衬衫。店主爽快地告诉你，他按今年衬衫的进货价160元/件卖给你，他还说这批衬衫是他去年进的货，当时进货价为100元/件。如果在此期间货币已贬值50%，你能否帮店主分析一下这笔交易，他是亏了还是赚了？

答案是亏了。因为货币已贬值50%，所以现在的160元相当于去年的80元，低于店主去年的进货价，因此店主亏了。这是站在去年的时间点上看的。站在现在的时间点，如果店主也意识到货币贬值50%，他今年的售价应该至少为200元/件。

这个例子改编自费雪《货币幻觉》中的一个例子。费雪有极强的观察力、洞察力和表达能力，是个不世出的天才。在1920年前后，费雪发现，现实生活中，货币幻觉的例子比比皆是，充斥生产、消费和投资等各个领域。我们很难想象，当时的普通大众，对货币贬值几乎一无所知，普遍认为货币价值稳定不变。

今天的人们或多或少能体会到货币贬值。我的母亲是位农民，几乎不识字，但日常生活的经验让她感受到了货币贬值。她经常说，钱变暄了。"暄"（读xuān），是山东临沂一带的土话，字典的解释是"物体内部空隙多而松软"。钱暄的意思就是钱软，不值钱。（当然，钱暄的字面意思更接近于下文将要说的通货膨胀。）我曾好奇地问她是如何感知到这一点的。她说，100块钱在我们村商店能买到的生活必需品数量，比以前少了。

然而，如果因此认为我的母亲不受货币幻觉的困扰，那就太理想化了。后来发生的一件事，也许能够说明想要摆脱货币幻觉有多么困难。有个小偷趁我父母外出赶集，溜进家里，偷走我母亲1000元左右的私房钱。我母亲因此很痛苦，她说，这相当于家里被偷走了几千斤大米。然而事实上，当时这些钱已买不到1000斤大米。由此可见，货币幻觉可能涉及复杂的认知过程。而这正是心理学家和认知科学家感兴趣的领域，他们已取得一些令人信服的成果。我们在后文再说说这一点。

货币贬值和通货膨胀是同义语，在今天的经济学教科书上，通货膨胀通常被定义为物价水平上升。假设你的收入不变，但每种商品的价格都突然上升，变为昨天价格的2倍，那么你的收入买任何东西，与昨天相比，能买到的数量都减少了一半。物价水平上升，让货币的购买力下降了，这就是货币贬值。这里需要区分单个物品价格上升和物价水平上升。单个物品价格上升，通常认为是该物品供给和需求共同作用导致的；而物价水平上升，通常指很多种物品价格都上升，是货币的发行量超过了流通中实际需要的货币量导致的。如果打个比方，单个物品价格上升，相当于海平面激起的朵朵浪花，而物价水平上升类似于海平面上升。

稍微深入一点看，经济学原理告诉我们，物品供不应求时，价格会上升。然而货币本身的供求关系，也会影响物品的价格。如果货币发行量过大，物品价格也会上升。说到这儿，我们回到通货膨胀这个词。通货膨胀（inflation）的字面意思就是，流通中的货币（通货），过度增加了（膨胀），这就是老百姓所说的“钱暄了”。

通货膨胀导致了货币贬值，而人们想当然地认为货币价值不变，这就是货币幻觉。货币幻觉在微观层面上的影响，我们在前文简单介绍了一些。然而，更重要的影响，也许是宏观经济上的影响。

1958年，经济学家威廉·菲利普斯（A. William Phillips）考察了1861—1957年英国失业和货币工资变动率之间的关系，萨缪尔森（Paul Samuelson）和索洛（Robert M. Solow）将这种关系拓展并命名为菲利普斯曲线：失业与通货膨胀存在一种交替关系的曲线，通货膨胀率高时，失业率低；通货膨胀率低时，失业率高。根据这种理论，当劳动力市场供不应求时，工人会要求涨工资；当劳动力市场接近于充分就业时，物价也会上升，其中一部分原因在于工人要求涨薪，另外一部分原因是企业产品的需求旺盛。由此一来，宏观经济政策制定者的任务只不过是在菲利普斯曲线上选择最优的位置：他们可以降低失业率，扩大产出，但这又会导致通货膨胀。

当时，货币幻觉和菲利普斯曲线有很多拥护者，其中不乏一些著名的经济学家，比如萨缪尔森、索罗、莫迪利安尼（Franco Modigliani）、托宾（James Tobin）等。

然而，货币幻觉思想和菲利普斯曲线很快将迎来当头棒喝，致命一击。

货币幻觉思想的衰落

1967年12月，弗里德曼在美国经济学会上指出，人们不存在货币幻觉，也就是说，人们对通货膨胀有完美的预期，并据此进行调整。

弗里德曼认为，真正重要的不是名义价格，而是经过通货膨胀因素调整后的实际价格。例如，对于消费者而言，如果他们预期价格水平变为原来的2倍，他们也会要求雇主将他们的收入提高到原来的2倍。这样一来，消费者的消费没有发生变化。类似的，企业的产量也不会发生变化，因为企业也只关注相对价格。在这里，真正重要的是在进行定价决策时，人们完美考虑了通货膨胀因素。

这对菲利普斯曲线也是致命一击。因为按照此曲线，人们要求的名义工资增加幅度仅取决于失业率。弗里德曼认为，人们关注的不是名义工资而是实际工资，因此在与雇主协商工资时，他们会充分考虑通货膨胀因素。举个例子，如果在某个失业率水平上，工人们原本协商涨薪5%，但如果他们预期的通货膨胀率为10%，他们就会要求涨薪15%。

弗里德曼进一步提出了自然失业率理论。他认为当失业率低于某个水平时，将会进入通货膨胀螺旋，而当失业率高于这个特定的水平时，将会进入通货紧缩螺旋。他将这个失业率水平称为自然失业率，只有在自然失业率水平上，才不存在通货膨胀螺旋或通货紧缩螺旋。弗里德曼的基本论证思路如下：如果失业率很低，并且假设预期通货膨胀率为零，那么在这么低的失业率水平上，劳动力和商品的需求都很大，企业就会提高产品的相对价格。这意味着价格上涨幅度必须超过预期通货膨胀率。随后，人们会上调通货膨胀预期；企业进一步提高相对价格……导致通货膨胀螺旋（物价水平螺旋上升）。相反，如果失业率过高，通货膨胀将低于预期，物价将螺旋下降。

因此，弗里德曼认为，宏观经济决策者的目标是将失业率维持在自然失业率水平上，以避免通胀螺旋或通缩螺旋。而且，在长期，通货膨胀和失业之间不存在此消彼长的关系，因此，应该将通货膨胀率控制在较低的水平。

自然失业率理论（有时也称完美预期理论），几乎瞬间风靡，并且至今一直占据主导地位。不仅宏观经济学教科书这么教，而且它也成为美国、加拿大以及欧洲各国宏观经济政策制定的基础。

自然失业率理论之所以能取得成功，大致有以下几个方面的原因：首先，它在形式上很美，符合经济学推崇的数学形式化，符合最优化原理；其次，货币幻觉的说法比较模糊，不容易形式化；最后（也是最重要的），这个理论较好地解释了1970年代初期通货膨胀率和失业率都上升的现象：通货膨胀率上升是当时石油供给冲击和通货膨胀预期共同作用的结果，失业率上升则是由于需求降低。实证证据也发现，弗里德曼的理论与数据拟合得很好。

由于“不存在货币幻觉”是自然失业率理论的关键假设，它也成为现代宏观经济学的重要假设。在弗里德曼发表演讲4年后，他的劲敌托宾在美国经济年会上说：“当然，经济学家所犯的最大错误就是假设存在货币幻觉。”

多少具有讽刺意味的是，就在4年前，就在弗里德曼否认货币幻觉之前，货币幻觉还是主流，甚至托宾本人也是货币幻觉思想的拥护者。

究竟存在货币幻觉吗？

现代经济学家认为尽管货币幻觉理论比较朴素，需要修正，但从货币幻觉一下跳到完美预期，这无疑是从一个极端跳到另外一个极端。真相很可能在这两个极端之间。

由于“不存在货币幻觉”是现代宏观经济学的一个关键假设，

因此，是否存在货币幻觉的验证就变得极其重要。然而正如经济学家阿克洛夫（George Akerlof）和罗伯特·席勒（Robert Shiller）指出的，这方面的验证少之又少。这两位经济学家搜集了一些实证证据，结果表明，存在货币幻觉，更严谨一点地说，“不存在货币幻觉”的假设是错误的。

如果人们能预期通货膨胀，那么在工资合同中，应该包含像生活费用调整的条款。然而，根据1976—2000年加拿大工会合同的大样本数据，只有19%的合同涉及对预期通货膨胀的调整；然而，即使这样的调整，也是有触发门槛的，也就是说只有通货膨胀率上升到一定水平时，合同才进行调整；如果通货膨胀率未达到既定水平，对工资不予调整。这表明大多数工资合同用名义工资表示，而不是像弗里德曼所认为的，用实际工资表示。

不仅工资合同，金融合同通常也不使用通货膨胀条款。美国和其他国家政府发行的债券，通常按固定利率支付利息。另外，绝大部分企业的会计记账，也是用名义价值记账。这一切似乎都表明存在货币幻觉。

最后，我们说一说脑神经科学的发现。大脑的前额叶皮层是人的决策中枢。如果这一脑区遭受创伤，人的认知会发生很大改变。一些科学家通过设置通货膨胀场景，验证了人们无法对通货膨胀做出完美预期。科学家对受试者的大脑进行扫描后发现，在决策时，前额叶皮层有个特殊部位——腹内侧前额叶皮层比较活跃，这似乎是产生货币幻觉的区域。

经济学家常说，任何一种理论，都是对现实的近似；即使理论拟合现实拟合得很好，我们也不能说这就是现实本身。货币幻觉理论是如此，自然失业率理论也是如此。因此，有关货币幻觉理论的争论，仍将持续下去，经济学家对现实世界的理解和解释，仍将持续下去。

献给世界金融先驱

欧文 · 扬

（Owen D. Young）

前　言

本书是根据1927年夏天我在日内瓦国际关系学院所做的演讲改编的。

本书的目的是说明：所有货币单位（包括美元）的购买力是多么不稳定；是什么隐藏的原因导致了这种不稳定；如果归于其他原因，会造成什么样的损害；人们已经尝试或提出的各种补救措施是什么。本书目的不是要提出最佳的补救办法，而是要把问题提交给读者，特别是商人读者。

对于那些希望进一步研究这个主题的人，本书附录提供了一份简短的阅读清单。正文提到的书籍也可以在清单中找到。

欧文·费雪

耶鲁大学

康涅狄格州，纽黑文市

目　录

第一章
初识货币幻觉

引　言

在我开始写这本书时[1]，你手中的1美元，大约相当于70美分。说得更准确点，相当于大战[2]前70美分的购买力。换句话说，1913年70美分能买到的东西，如果换成现在购买，需要1美元。现在的美元，在价值上与大战前的美元不相等。美元，无论是纸币还是硬币，看上去似乎相同，但价值总在变化。美元不稳定。英国英镑、法国法郎、意大利里拉、德国马克，[3]以及任何其他国家货币单位的价值，都不稳定。这个重要事实说明，在购买力上，货币单位不稳定。

世界大战造成的价格震荡，也让一些人开始关注货币购买力

1　1928年。（本书注释如无特别说明，皆为译者注。）

2　木书所言及的战争，诸如“大战”“世界大战”，均指第一次世界大战。

3　法郎、里拉和马克分别是法国、意大利和德国在2002年之前的货币单位。2002年元月后欧元开始使用，上述货币正式退出流通。

问题。然而，这些人主要指经济条件受到影响的学生，普通大众几乎不知道这个问题。

为什么人们忽视了这个问题？既然货币购买力与每个人的利益密切相关，为什么我们还不采取措施？这是因为“货币幻觉”（Money Illusions），即，人们没有意识到美元或任何其他货币单位的价值增加或减少了。我们理所当然地认为“一美元就是一美元”，“一法郎就是一法郎”……所有货币都是稳定的——正如几个世纪之前，人们理所当然地认为地球静止不动，太阳会升起或落下。我们现在已知道，日出和日落，是地球自转造成的幻觉。然而，我们仍然会说到，甚至想到日出或日落。

与看待地球自转问题一样，在货币问题上，我们也需要转变思维。当生活成本增加时，我们不应认为很多种商品的价格同时上升（尽管在任一时刻，的确总有一些商品的价格上升），而应该认为货币单位的价值发生了变化。

本国货币幻觉

几乎人人都有本国货币（本币）幻觉。也就是说，认为本国货币不变，外国货币（外币）可变。这似乎有些奇怪但真实存在：我们更能看清外币的涨落，而不是本币的涨落。

例如，战后美国居民知道德国马克价值降低，但很少有德国居民知道这一点。我敢保证，直到1922年，事实都是如此。那时我正与经济学家弗雷德里克·罗曼（Frederick W. Roman）一起研究欧洲货币的价值变化。在去德国的路上，我在伦敦暂时停留，拜访和咨询当时英国驻德国大使达伯农勋爵（Lord D’Abernon）。他说：“费雪教授，你将发现几乎没有哪个德国人认为马克价值降低了。”我说：“这有些不可思议，因为每个美国学生都知道这一点。”然而，我发现他是正确的。德国人认为商品价格上升，认为美国金币价格上升[1]。他们认为美国人垄断世界黄金数量，因此对金币索要很高的价格，也就是说一单位美国金币值更多的德国马克。与此同时，他们认为德国马克还是原来的马克，从未变过。德国人生活在马克包围的环境中，而美国人生活在美元笼罩的环境中。在德国旅行途中，罗曼教授和我随机访谈了24个德国人，仅有一人意识到马克的价值发生了变化。

在上述24个人中，所有人都知道物价发生了变化，但其中23人从未想过这与马克的价值有什么关系。他们对物价变化原因的解释有：其他商品的“供给和需求”发生了变化；封锁；战争造成的破坏；美国囤积黄金；等等。这让我们想起了美国。几年前，我们也说“生活成本变高了”，但我们很少听到有人说这是因为美元价值发生了变化。

有位聪明的德国女人给我留下了深刻印象。她在柏林郊区开了一家商店，我和她交谈了很久。对于当时的高物价，她一会说

1　第一次世界大战前，各国普遍采用金本位制，即每单位的货币价值等同于若干重量的黄金。另，本书“gold dollar”译为“金元”或“金币”。

原因是这，一会说原因是那，但这些解释都微不足道。我承认，有些解释蕴含着一丝真理，这就像你解释“星星为什么会动”一样，你的解释部分是对的。然而，这位女士没有认识到导致马克价值变化的重要事实：马克数量剧增，马克纸币贬值。

8年来，这位女店主一直因为马克价值变化而遭受损失，然而她从未怀疑过真正的“罪魁祸首”——通货膨胀。在我与她交谈时，由于长期通货膨胀，马克已贬值98%，即，现在的一马克只相当于原来1/50马克（也就是说，价格水平已上升为原来的50倍左右），但她从未意识到真正原因所在。当时，我打算在她的店里买件衬衫。可能担心我怀疑她漫天要价，她说：“我卖给你的价格，就是我当前的进货价格。”我本来打算问问她，为什么索要那么低的价格，还未等我开口，她就继续说道：“卖掉这件衬衫，我能挣些钱，因为当初进货价比较低。”

这位女店主没赚到钱，反而亏损了。为什么她认为她赚了钱？因为她被“货币幻觉”欺骗了。她认为她一年前进货时花掉的马克，与我现在支付给她的马克是一样的，正如在美国，我们认为美元时刻相同，不会变化。她用马克记账，而在现实中马克是价值不断波动的货币单位。使用马克记账，账面的确显示有利润；然而，如果她换算成美元，她就会发现很大的亏损；如果换算成更一般的商品单位，她的损失更大，因为美元的价值也降低了。

图1画出了这位女店主的表面收入和实际损失。

我们在其他国家也发现了本国货币价值稳定幻觉。澳大利亚人、意大利人、法国人、英国人等，都认为本国货币价值未下降，

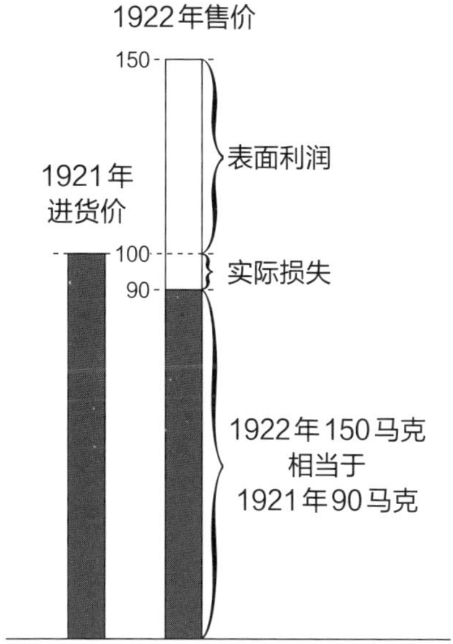

图1　衬衫的幻觉利润

只是商品价格上升了。

当两国货币换算时

根据本国货币价值稳定幻觉可知，当不同国家的人进行货币换算时，他们将发现他们的观点是冲突的。

用例子说明。假设某位美国女士在德国有抵押借款。大战爆发后，她与德国的联系中断了两年。战争结束后，她奔赴德国准备偿还借款。她一直认为她的债务为7 000美元。如果换算成德国马克，这笔债务当时为28 000马克。她去银行办理还款业务："我来还7 000美元的抵押贷款。"银行经办人回答道："这笔贷款不是7 000美元，而是28 000马克；按现价计算，你需要还大约250美元。"她说："天哪！马克价值下降了，但我没打算占便宜。我坚持还7 000美元。"银行经办人对此无法理解，他说她没有必要这么做，他也无法理解她在道德上的顾虑（即占银行便宜）。

然而，事实上，这位美国女士也没有考虑到美元价值也下降了，尽管下降幅度较小。她用美元计算，而银行用马克计算。她坚持还7 000美元而不是250美元。然而，如果银行告诉她，美元的价值也下降了，如果按购买力计算，原来的债务在当前不是7 000美元，而是12 000美元，因此她应该还12 000美元，这时她肯定会抗议。因此，与银行人员一样，这位女士也没理解问题所在。

美国人的货币幻觉

因此，美国人也逃脱不了"货币幻觉"陷阱。如果一个美国人开始尝试思考美元价值变化，他可能会有些发蒙。他想不出用什么衡量美元的价值。尽管在金本位制下，美元的购买力仍会波动。但我们认为美元价值固定不变。事实上，在金本位[1]制度下，一美元与固定数量的黄金挂钩，在且只在这个意义上，我们说美元价值不变。在购买力上，美元的价值不是固定不变的。

几年前，有位非常成功的商人对我说："我挣了很多钱，我还是多家公司的董事。我从未听说过公司的困难处境与美元不稳定有关的观点，我脑海里也没有任何这样的想法。"

然而，令人欣慰的是，很多有远见的商人现在已意识到美元价值可变。1925年，股票市场全线飘红，股价疯涨，美国人万分惊叹和狂喜。然而，财政部长梅隆（Mellon）指出，如果考虑到美元贬值因素，股票市场的价格与战前相比并未涨多少。梅隆说得对：美元贬值，提高了商品和财产（包括股票）的价格。

同年早些时候，小詹姆斯·兰德（James H. Rand, Jr.）先生，现任雷明顿兰德公司（Remington Rand Inc.）总裁，已详细指出了同样的事实。出于对美元变化问题的长期关注，兰德经常用两种方法记账：一是用名义价格[2]，即现实价格；二是用换算后的价格，即，假设美元购买力不变，名义价格应换算为多少。兰德这么做的原因，在于他不想像前文提到的柏林女店主一样，因货币价值不稳定而遭受损失。如果不将名义价格换算为真正的购买力价格，我们都有可能自己骗自己。

---

1 Standard，传统上翻译为"本位"，但其本质意思就是"标准"。

2 此处原文使用了"actual price"，即实际价格。这种说法与如今我们通常的理解不符，容易造成歧义，因此修改为它的真正意思——名义价格。比如，一件衬衫进货价是多少就记多少。

1919年，通货膨胀还在持续，某位一流银行家第一次将账单换算成稳定的美元价值。当看清了问题所在，他拿出笔记本，算了一会。然后，他惊呼道："我一直自吹自擂，说我的银行存款和放款量扩张了多少多少。然而，现在我明白了，在考虑美元贬值因素后，我发现，我的业务量其实和战前相同，因为价格已是战前的两倍。我曾引以为豪的扩张，只是个幻觉。"

美国钢铁公司以高速增长闻名，它的确高速增长，但增长速度没有表面上那么大，这是因为在计算增速时忽略了美元贬值因素。欧内斯特·杜布鲁（Ernest F. DuBrul）在一本小册子中比较了这家公司的名义增长和实际增长，请参见本书附录。

应用于投资者

想一想美元不稳定对你的投资的影响。假设在大战前，你得到的每股分红为4美元，现在你得到5美元。也许你会认为分红增加了25%。然而，如果考虑到了分红的购买力，你会发现实际分红降低了12.5%！

我们仔细算一算。现在的1美元，仅相当于1913年的70美分，前文已指出这一点；也就是说，在平均意义上，现在的一美元能购买到的商品量，与1913年70美分买到的相等。使用这个换算关系，将现在的5美元分红换算成1913年的美元。由于每美元仅值战前的70美分，你实际得到的分红为5乘以70美分，即3.50美元。

战前分红为每股4美元；现在你得到的5美元名义分红，按购买力计算，仅相当于战前的3.50美元，分红实际上减少了！

银行与经纪业务领域的两位学者，近期说明了美元价值不稳定对投资者的影响。他们的研究结果已出版——埃德加·劳伦斯·史密斯（Edgar Lawrence Smith）的《普通股的长期投资》（*Common Stocks as Long Term Investments*）和肯尼思·范·斯特拉姆（Kenneth Van Strum）的《购买力投资》（*Investing in Purchasing Power*）。这两个学者使用的方法不同，但结论相似：在购买力角度上，债券持有人未必有所谓的安全投资，即使在美国也是这样。这让很多保守的投资者感到震惊。

为什么不存在安全投资？原因很简单。只要美元不安全，任何以美元作为分红货币的协议都不安全。无论你多么肯定能拿到协议约定的分红，在你拿到这些分红时，你都无法保证它们的真正价值。这些学者发现，以实际购买力计算，在一些情况下，债券持有人不仅未得到利息，反而遭受了损失。也就是说，他们甚至损失了部分本金。然而，与前文提到的德国女店主一样，他们也不知道这一点。

黄金稳定吗?

即使在废除金本位并实行纸币制度的国家，货币幻觉也很强烈，尽管商人能得到两个重要提醒。其中一个提醒是他们原来金本位货币——马克、法郎、克朗等的不断变化的报价，另外一个提醒是外币的不断变化的报价。然而，货币幻觉最强烈的国家，还是金本位国家，因为这些国家缺乏上述两个提醒。事实上，缺乏提醒，反而被自豪地当作这些国家货币稳定的证据。

"证明"货币稳定性的一种方式，是金本位国家的"黄金价格"从未变化。在美国，纯黄金的售价大约为每盎司[1]20美元（准确数字为20.67美元）。1837年，美元的纯金含量固定在1/20盎司（准确数字为23.22格令[2]），自此以后，这个价格一直未变，直到现在。当然，这两个数字是等价的，它们只不过表明了美元与黄金之间的固定兑换价格；它们一点也不能证明黄金的购买力（以商品而不是美元衡量）稳定不变。在本质上，它们的意思就是黄金的价格，若按黄金计算，固定不变。

我曾经开玩笑地问我的牙医，人们抱怨"生活成本高"，那么牙医使用的金子价格是否也上升了。让我惊讶的是，他很看重我的问题，让助手出去查看一下。助手回来说："医生，你买黄金的价格和以前一样，从未变化。"

医生对我说："这难道不让人惊讶吗？黄金真是价格非常稳定的商品。"

"令人同样惊讶的是，"我说，"1夸脱牛奶总是等于2品脱牛奶。"[3]

1　1盎司约合28.35克。

2　1格令约合64.799毫克。

3　夸脱和品脱都为容积单位，1夸脱等于2品脱，约合1.137升。

“我没听懂。”他说。

“好吧，那么什么是美元?”我问。

“我不知道。”他回答说。

“这是问题所在。”我说，“1美元大致等于1/20盎司黄金；因此，20美元的黄金含量为1盎司，这样，1盎司黄金必定值20美元。盎司是重量单位，美元也是。这种重量单位伪装成了稳定的价值（或购买力）单位。”

结　论

固定重量的美元，在替代真正稳定的美元的效果上，与固定重量的铜、固定尺寸的地毯或固定数量的鸡蛋一样差。如果我们将1美元定义为1打（12个）鸡蛋，那鸡蛋的价格必定总是1美元1打。然而，鸡蛋的供给和需求会一直发挥作用。例如，如果母鸡不下蛋，那么鸡蛋的价格不会上升，但几乎所有其他商品的价格都会下降。与以前相比，1个鸡蛋能买到更多商品。然而，由于货币幻觉，我们甚至不会认为母鸡导致了低价格和艰难时日。

如果不从重量意义上固定美元，那么，应该在什么意义上固定？显然，答案为购买力。我们使用美元时，将其视为价值单位或者购买力单位，而不是重量单位。我们有其他重量单位：磅，盎司，格令，克。我们使用这些单位计算重量。然而，作为重量单位，美元从未用于称重。23.22格令银或铜，不值1美元，23.22

格令黄金才等于1美元。但在我们看来，格令是重量，但美元不是。我们从来没这么想过。我们将美元视为价值单位。没有人在意，或应该在意1美元的重量是多少。它能买到什么，才是最重要的问题。正如经济学家杰纳勒尔·沃克（General F. A. Walker）说的，“钱是指钱的用处”或“美元是指美元能买到什么”。将美元的固定质量和固定价值混淆，与把码尺的固定重量和固定长度混淆是一样的。如果国家标准局规定码尺的重量相同，那就不能保证它们有相同的长度。它们可用于准确衡量食糖的重量，但无法用来准确衡量布匹的长度。

类似的，美元可用于准确衡量食糖的重量，但在当前，它不能用于准确衡量价值。然而，货币幻觉让我们看不清这个事实。

第二章
货币波动程度

指　　数

我们已经看到，与人们的普遍看法相反，美元、法郎或其他货币单位与重量等衡量单位不同，远谈不上稳定。然而，我们如何判断美元的价值何时发生了变化，变化了多少？有什么方法能让我们衡量货币的真实价值？答案是通过指数。

指数是个数字，表明一些代表性商品的价格，从一个时点到另一个时点的平均百分数变化。

假设我们从1913年价值1美元的商品开始，这是个价值1美元的市场篮子或说商品组合，里面包含各种代表性的商品——面包、黄油、鸡蛋、牛奶、布料等，这些商品的比例取决于现实中的交易比例，这样这个商品组合在1913年可以1美元的价格买到。

接下来我们假设，尽管1913年1美元可以买到上述整个市场篮子，但1919年1美元只能买到半个篮子。也就是说，1919年的市场篮子，卖2美元而不是1美元；篮子中的商品价格，整体上变为原来的两倍。由此可知，1919年的商品价格指数是1913年的两倍；也就是说，如果将1913年的价格水平定为100，那么1919年的价格水平为200。

当然，这不是说，篮子里每种商品的价格都变为原来两倍。有些商品的价格上升了一倍以上，有些则小于一倍；一小部分甚至还下降了。

1913年到1919年，平均来说，价格的确翻了一番。我们可用两种方法表达。我们可以说价格指数或商品篮子的价格变为原来的两倍，也可以说美元的价值只是原来的一半。

现在美元的价值比1919年高一些；1919年1美元只能买到1913年的1/2个商品篮子，现在能买到2/3个。这意味着，如前文所说的，现在1美元的价值，仅相当于1913年的70美分。

前面说过，市场篮子里的各种商品应该以正确比例搭配。然而，在实践中，是否严谨选择这些比例，并不重要，部分原因在于大部分商品的价格通常“志同道合”地上升和下降，当然还有其他原因。比例正确与否并不重要，这个事实没有任何问题，然而对于不了解价格指数的读者可能会感到惊讶。

图2根据美国劳工统计局181号简报公布的数据构建。这个图画出了两条曲线：一条曲线根据买卖量“加权”；另一条曲线“未加权”，对每种商品赋予相同权重。读者可以看到，这两条曲线通常一起向上和向下运动。

美国劳工统计局每月发布基于550种商品批发价的指数。我每周发布的指数，基于120种商品。纽约联邦储备银行的经济学家卡

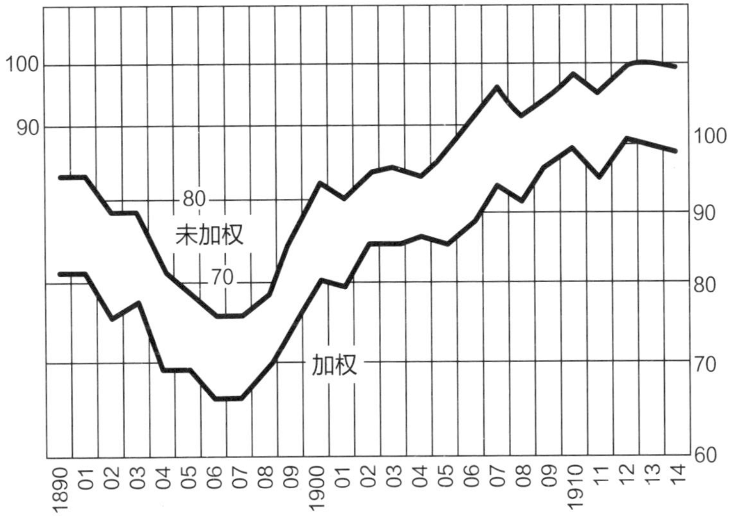

图2　加权与未加权价格指数（美国批发价格）

尔·斯奈德（Carl Snyder）构建了一个总指数，这个指数根据各种商品、财产和服务的价格汇编而成，它不仅包括商品（批发和零售），还包括股票、债券、房地产、工资、租金和运费。

越来越多的统计学家、银行统计部门、商人使用价格指数，近年来甚至大众都开始使用。一些商业机构和官方机构根据生活费用指数调整了工资。道威斯计划（Dawes Plan）处理德国赔款支付时使用了一些指数。1927年在日内瓦召开的世界经济会议建议建立各种指数，以供世界各国使用。

正如我们曾经暗示的，如果取价格指数的倒数，那么我们得到的是货币（这是指美元）的购买力指数。这两个指数相互拉锯，一个上升另一个下降，一个下降另一个上升。因此，总有两个指数，一个是价格指数，另一个是货币的购买力指数。二者都告诉我们相同的故事，但方向却相反。

欧洲物价和货币购买力的波动

当我们将这种工具（即指数）应用于历史事实时，我们会发现价格水平和货币购买力发生了什么变化?

指数表明，在世界大战期间及之后，与1913年的水平相比，德国大宗商品价格水平上涨了1万亿倍还多。或者，颠倒这个指数，即从购买力指数角度看，德国马克的购买力急剧降低，不到1913年购买力的万亿分之一。俄罗斯物价的涨幅要小得多，但也超过了10亿倍。波兰物价涨幅较小，但也超过了100万倍。奥地利物价上升幅度更小，是2万倍。相对来说，意大利、法国和其他几个国家的物价，几乎是静止的，但也上升了5到10倍。英国、加拿大和美国，上升了2到3倍；也就是说，美元和英镑跌至战前购买力的一半或三分之一。

美国物价和货币购买力的波动

美国内战期间，美元迅速贬值，1865年美元的购买力仅为1860年的五分之二。然后，美元的购买力再次上升，1865年至1896年的31年间，美元的购买力增加了3倍。接下来，形势急转，美元下跌，1920年的购买力仅为1896年的四分之一。最后，从1920年5月到1921年6月，美元的购买力再次迅速上升，从战前的40美分上升到战前的70美分。所有这些数字都是基于批发价格。如果包括其他价格种类，极端波动就会减少。自1921年到现在，美元一直相当稳定，变化相对较小。

图3显示了自1850年以来的美元价值变化，以五年为时间间隔。所有数字都以“一战前美分”即1913年美分为单位。

这些事实表明，尽管与德国马克或俄罗斯卢布的极端变动相比，美元变化较小，但它的变化仍然很大。在一代人的时间里，美元的价值增长了将近3倍，而在更短的时间内却出现了同等程度的收缩，接下来，在一年多的时间里又出现了一次巨大的增长。这表明美元还远未达到稳定状态。也就是说，即使在美国这个金本位国家，货币的购买力变化也与纸币本位制国家一样真实，即使变化没有后者那么大。

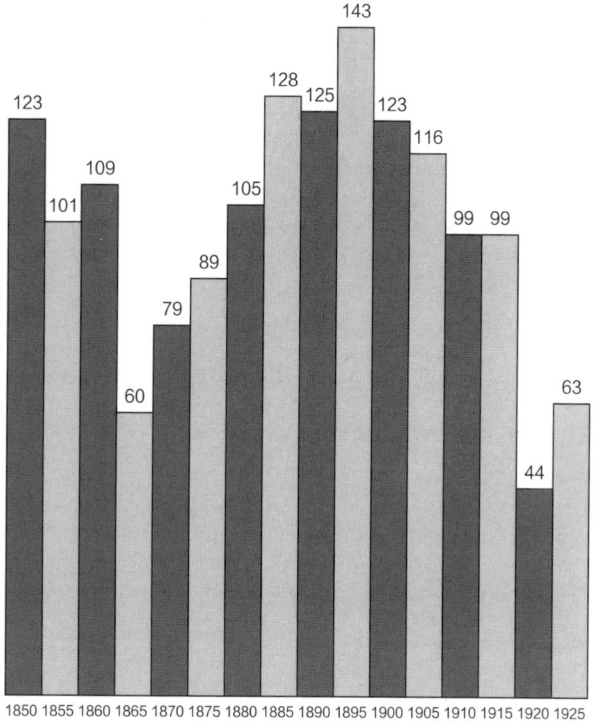

图3　美元的购买力（以1913年美分衡量）

不同指数的结果一致

图3使用的指数是从批发价格中得出的，然而如果我们使用零售价格指数，或者使用根据所有商品和服务的价格计算出的“一般”指数，结果也不会有太大不同。表1描述了批发指数与一般指数之间的差异。有趣的是，这些指数高度一致。批发数据来自图3。

最后一栏为一般指数，这是卡尔·斯奈德的计算结果。

表1　美元的购买力（以1913年美分衡量）

年份	批发指数	一般指数
1875	89	88
1880	105	102
1885	128	122
1890	125	122
1895	143	145
1900	123	122
1905	116	116
1910	99	104
1915	99	97
1920	44	52
1925	63	59

不同年份的批发指数与一般指数之差依次为1、3、6、3、2、1、0、5、2、8、4美分。最大差异为8美分（=52−44。参见1920年），平均差异为3.2美分；在11个年份中，仅有两个年份的差异超过了5美分。

在衡量货币稳定性方面，那个（些）指数是最好的？这是个技术性很强的问题，然而，事实证明，即使在最坏的情况下（如表1所示），各个指数彼此吻合得也很好。每个指数都表明美元极其易变。

评　论

如果我们的标尺、磅秤、蒲式耳篮[1]、加仑或千瓦，会反复收缩成原来的四分之一或膨胀成原来的4倍，我们会说些什么呢?

假设一家铁路公司要订购6英尺[2]长的铁路枕木，然而在交付前英制尺子变为原来的4倍长。或者，假设某粮仓打算购买1000蒲式耳的小麦，但与此同时，蒲式耳篮变为原来的四分之一大。如果码尺是用橡胶做的，码尺会变化；如果磅秤是用吸水材料制作的，从而干和湿都会影响称重数字，那么磅秤也会变化。与码尺和磅秤类似，作为价值衡量标准的美元，也会发生变化。

世界大战让我们更加关注货币的不稳定性，这是因为它使世界上几乎所有货币比以往任何时候都更加不稳定。然而，在一些国家例如德国，货币价值变为不到原来的百分之一，这种变化不是瞬间改变，而是经历了一段时间，以至于很多人意识不到有什么变化，因此要摆脱自己的货币幻觉非常困难。

即使在这样的极端条件下，货币幻觉也没有结束。货币稳定的想法，只不过从德国人对马克的感觉，转变为对瑞士法郎或美元的感觉。在德国价格上涨了数百倍之后，德国普通民众突然意识到马克的价值正在下降，并立即认为瑞士法郎或美元是固定的。这就像旅客惊讶地发现，是自己乘坐的火车在动，而不是相邻轨

1　容量为1蒲式耳的篮筐。1蒲式耳等于8加仑，美制1蒲式耳约合35.239升。

2　1英尺约合0.305米。

道的火车在动一样。

从那时起，公众开始每天观察外汇交易，并迅速相应地调整自己的价格。他们羡慕外国人，因为他们现在错误地认为外国人有稳定的货币。一种结果就是渴望“回到”金本位。但人们未想过他们可以得到比黄金本位更好的标准。因此，一旦人们发现马克纸币非常不稳定并渴望回归金本位，他们就很难发现金本位也不是稳定的。黄金比不受管制的纸币稳定得多的事实，使金本位被理想化了。然而，正如前文使用指数明确说明的，金本位从来不是理想的标准，事实上，它离理想标准差得很远。

第三章
为什么货币会波动？

货币和商品的流通

现在问题出现了：“为什么货币购买力会改变？”简单地说，答案是因为相对通货膨胀和通货紧缩。这里“相对”一词值得强调，因为任何给定时期内的通货膨胀或通货紧缩，都是相对于该时期内的交易量而言的。

这里所谓的“货币”（money），主要包括三类：第一，黄金。只要使用金本位，其他所有货币都可以兑换成黄金。第二，纸币。第三，银行存款，即我们存入银行的钱，并通过支票转账。银行存款，通常称为“存款货币”（deposit currency）；它的可接受性与纸币和金币不同。毫无疑问，每个人都接受黄金和纸币。但是，除非获得收款人的个人同意，否则人们不愿意接受银行支票。

存款货币比黄金或纸币重要得多，因为它在交换商品方面的作用，实际上是黄金和纸币的8倍或10倍。

每当有人购买任何人的任何商品时，货币（无论是上述三种中的哪一种）就会从买方流向卖方，而商品则从卖方流向买方。如果现在我们将一定时期比如一年内整个社会中所有这种资金流量加在一起，我们就得到了支付或流通的货币总额。美国一年流通的货币总计约为6 000亿至10 000亿美元，例如9 000亿美元。由于现有的“货币”总数（包括信贷）仅约300亿美元，因此，为了完成商品流通，每年必须进行大约30次以上的货币循环（周转）。

用例子大致说明。假设将商品加在一起，每年的流通量为300亿吨。假设平均每吨售价30美元。这样，9 000亿美元的商品流，对应9 000亿美元的货币流。

相对通货膨胀与相对通货紧缩

如果这两种流向相反的物流——货币流通和商品流通，价值都为9 000亿美元——能年复一年地保持相同的速度，那么就不会有通货膨胀和通货紧缩，一般物价水平（价格总体水平）也能够保持不变。如果这两种物流都以相同速度增长或衰减，那么一般物价水平不应该变化。

这种情形，即货币和商品一起流动或者它们一起“潮起潮落”，可以称为“正常”情形。也就是说，货币流动配合商品流动，与商品流一起增长或萎缩。这就是“弹性货币”的意思。

但是，如果这两个循环不能保持同步，怎么办？例如，假设每年商品流通量保持不变（比如300亿吨），但货币流通量增加了（比如增加到12 000亿美元）。此时，价格水平显然不可能保持（每吨30美元）不变；否则，商品流的价值仍将为9 000亿美元，而货币流通量为12 000亿美元，这就出现了矛盾，因为这两个量必须相等。

简言之，如果用更多的钱购买相同量的商品，商品的价格就必须上涨，就像在同一片面包上涂抹更多的黄油一样，它必须涂得更厚，这种厚度代表价格水平，面包代表商品数量。

然后，再次假设商品流通量保持不变，但货币流通量减少，那么价格水平将下降。如果将较少的黄油涂在同一片面包上，你将不得不涂得更薄。

接下来，我们换个角度：假设货币流通量保持不变，而商品流通量增加。这样，价格水平会下降；因为等量的黄油涂在更大的面包上，黄油层必定变薄。

最后，再次假设货币流通量保持不变，而商品流通量减少。那么价格水平将上升；因为等量的黄油涂在较小的面包上，黄油层必定变厚。

当然，事实上这两个循环都不是恒定的。商品流通几乎总是逐年增加，并且通常以相当稳定的速度增长。货币的流通通常也会增加，尽管非常不稳定，有时实际上会减少。但是，无论发生什么，在价格水平角度上，唯一重要的事实是这两种流通之间的关系。

因此，综合考虑上述四种情况以及所有其他可能的情况之后，我们可以说：如果货币流通量相对于商品流通量增加，那么价格水平将上升；相反，如果货币流通量相对下降，那么价格水平将下降。也就是说，黄油层的厚或薄，取决于黄油相对于面包是多还是少。第一种情形，是相对通货膨胀；第二种情形是相对通货紧缩；价格指数能实时说明我们遭遇的是通货膨胀还是通货紧缩。

实 际 收 入

然而，相对的通货膨胀或通货紧缩并不是故事的全部。如果我们只是为了理解价格总体水平的变化和美元购买力的相反变化，也就是为了理解相对通货膨胀或通货紧缩，我们可以使用商品流通变化去解释，也可以使用货币流通变化去解释，或者使用二者的共同变化去解释。这三种解释是等价的。尽管如此，对于某些其他目的包括后面章节要讨论的一些人类福利问题，这三种解释还是有区别。

现在，金钱对任何人的意义主要取决于两个因素：1. 他获得多少美元的收入；2. 每一美元能买到什么。他的实际收入（real income）是这两个因素的乘积，即一美元的购买力乘以他得到的美元数；也就是说，这是他的总收入的购买力。

一个人的实际收入对他来说具有最高的经济重要性。当然，普通人的实际收入是增加还是减少，取决于社会总的实际收入增长比人口增长快还是慢。人均实际收入是任何国家的主要经济事实。

人均商品流通量与人均货币流通量

现在，实际收入将（大致）按商品流通量的一定比例增加或减少。因此，人均实际收入的增加或减少，通过人均商品流通量的增加或减少来表示。简言之，我们可以将人均商品流通量视为人均经济状况的一个实用指标。

如果货币流量也按人均来算，那么我们总是可以分解货币和商品之间价格水平上升或下降的原因。例如，我们可以说，如果人均商品流量保持不变，那么价格水平的变化完全由货币流量的变化引起。如果人均货币流量保持不变，那么价格水平的任何变化都归因于商品流量的变化。如果两个人均流量都发生了变化，那么二者对价格水平的变化都有贡献，贡献程度与它们各自的变化成比例。

例如，如果人均货币流量增加一倍，人均商品流量减少一半，那么每种原因都会使价格水平增加一倍。二者的影响力相同。它们一起将价格水平变为原来的四倍。

绝对通货膨胀与绝对通货紧缩

通过这种陈述问题的方式，我们可以将总体价格水平变化的可能原因减少到四个：1. 人均货币流通量增加；2. 人均货币流通量减少；3. 人均商品流通量增加；4. 人均商品流通量减少。

前两种情况可以分别称为“绝对通货膨胀”和“绝对通货紧缩”。注意它们与前文定义的相对通货膨胀和相对通货紧缩的区别（后者还可以分别用人均货币流量相对人均商品流量增加和减少来描述）。

现在，我们已对相对通货膨胀、相对通货紧缩、绝对通货膨胀和绝对通货紧缩做出明确定义。这能让我们的思路更清楚，因为常用的术语“通货膨胀”和“通货紧缩”含义模糊，容易产生歧义和争议。

货 币 主 导

大多数人认为，这四个原因中的后两个是重要原因，即价格水平上升的全部或主要原因，在于个别商品的实际短缺；价格水平下降的全部或主要原因，在于个别商品的实际过剩。换句话说，人们通常认为，高价格水平，即所谓的“高生活成本”，通常不是由任何绝对通货膨胀（根据我们的定义，其实应称为相对通货膨胀）引起；低价格水平通常不是由任何绝对通货紧缩（根据定义，应称为相对通货紧缩）引起。但是，这样的想法没有任何合理之处。由于我们的老朋友“货币幻觉”掩盖了市场中货币的一面，因此我们只看商品一面，而这通常是错误的视角。

从历史事实来看，我们很少（甚至从来没有）发现通货膨胀或通货紧缩不同时是相对的和绝对的。货币流变化很大，而商品流变化相对较小，尤其是人均标准，即相对人口来说。人均商品流通常缓慢而稳定地增加。很多经济学家，例如瑞典的卡塞尔（Cassel）教授、英格兰的凯恩斯（Keynes）教授、加利福尼亚的霍尔布鲁克·沃金（Holbrook Working）教授以及我本人，在有关著作中都用事实说明了这一点。

当然，在极端情况下，例如在德国、俄罗斯、波兰和奥地利近期的通货膨胀和通货紧缩中，货币流的变化，毫无疑问具有压倒性的重要意义。无论商品流的变化是怎样的，货币流的变化肯定大得多。当价格水平飙升一千倍或一百万倍时，上涨肯定几乎完全是由通货膨胀引起的，而这种通货膨胀既是相对的，也是绝对的。

毫无疑问，法国大革命期间的纸币也是如此。我们美国独立战争期间的“大陆”（Continental）纸币和内战期间的“绿背”（greenback）纸币都是如此。美国独立战争期间的货币贬值是如此之大，以至于直到一个半世纪之后的今天，我们仍能在口语“不值一个大陆币”中发现它的痕迹。[1]

然而，人们看不清楚的是，即使在和平时期，甚至在像美国这样的金本位国家，货币流的变化也同样具有压倒性的重要意义。

1 大陆币是大陆会议为筹措抗击英国的战争资金所发行的纸币，因超发导致通货膨胀，造成大陆币不值一文。绿背纸币则是林肯北方政府为应付内战而发行的不兑现信用货币，与大陆币一样实同国债。

十个美国例子

我们所列举的例子，涵盖美国所有重要通货膨胀和紧缩。这些通货膨胀或紧缩都既是绝对的也是相对的，而且都是每次价格水平上升或降低的首要影响因素。

1. 通货膨胀，1849—1860年。加利福尼亚和澳大利亚的黄金涌入美国。

2. 进一步的通货膨胀，1860—1865年。内战期间，绿背纸币发行量逐年增加。

3. 通货紧缩，1865—1879年。内战之后，绿背纸币的数量减少，并最终可以兑换成黄金。

4. 进一步的通货紧缩，1879—1896年。黄金开采量趋于下降，与此同时，许多国家开始“争夺黄金”，然后从同时使用黄金和白银的“双金属”本位转变为单一的黄金本位。

最后一个时期特别有趣，因为对许多经济学家来说，这是唯一的例外。作为这些经济学家中的一个，我本人直到最近才认识到，这些年间的商品流通量显著增加，这在很大程度上可以解释价格水平的下降，即使货币流通量与人口增长速度相同。

这个观点得到了一些著作的支持。但是近期对商品流的研究，比如卡尔·斯奈德和威尔福德·金（Willford I. King）的实物生产量统计数据表明，商品流通量或贸易量增长的速度，没有人口增长快。斯奈德的数据显示，从1879年到1896年，产量仅增加了30%，而人口却增加了44%。因此，如果货币流量的增长速度与人口增长速度完全相同，也就是说，如果人均货币流量保持不变，那么商品流通未能跟上人口增长的步伐，确实就会提高价格水平。但是，事实并非如此，事实是价格水平下降了。因此，价格下降的原因一定完全在于人均货币短缺，而与人均商品增加没有任何关系。

5. 通货膨胀，1896—1914年。新的金矿开业，出现用于提高金产量的氰化物工艺，黄金从科罗拉多、阿拉斯加、加拿大和南非涌入美国。

6. 进一步的通货膨胀，1914—1917年。欧洲出现纸币通货膨胀，美国当然不接受欧洲用纸币来支付弹药和食品货款。因此，这一时期的主要支付手段是黄金，并且有大量的黄金从欧洲进口。这个时期也存在相应的信贷通货膨胀，联邦储备系统的建立，进一步促进了信贷膨胀。该新系统有可能在相同的黄金基础或储备下拥有更大的信贷结构。

7. 进一步的通货膨胀，1917—1918年。美国参加世界大战之后，黄金通货膨胀和信贷通货膨胀进一步加剧。原因同第6点。信贷膨胀的速度甚至更快，因为公众借给政府的钱，是从银行借来的。这种信用货币不是已经存在的货币，而是由银行新创造的，只需将其写在账簿上即可。

我记得在参加一次为自由公债（Liberty Loans）筹集资金的演讲之旅时，有位演讲者是个不懂经济学的神职人员，他呼吁听众："请借钱给山姆大叔[1]！也就是购买自由公债。如果你没有钱购买债

1　指美国政府。

券，请到银行借钱。如果银行要求抵押，请告诉他们你将用他们借给你的钱购买的债券抵押。这就像永动机。”

太多的人听从了这样的建议。这就像不靠谱的永动机。借给政府的钱，不是来自居民储蓄，而是来自居民向银行借款。也就是说，人们根本没有借钱给政府。银行本来可以直接放款给政府，银行也不是用储蓄放款，而是在账户上注明为“存款”。这样的虚假放款在参战的所有国家都很常见。“放款方”的确经历了放款过程，然而实际上这只是通货膨胀——货币流量增加，但商品流量没有相应增加。

8. 进一步通货膨胀，1918—1920年。战后，胜利公债（Victory Loan）以同样的方法发行；而且，为了降低利率，财政部对联邦储备系统施加了压力。低利率进一步刺激人们向银行借款，用于商业目的和投机。

9. 通货紧缩，1920—1922年。作为对上述通货膨胀的应对，信贷要求收紧。

10. 微小变化，1922—1928年。新联邦储备政策“匹配商业”（to accommodate business）出台。

被遗忘的供给和需求

那些认为货币与物价水平关系不大或根本没有关系的人通常会告诉我们：“供求关系决定一切商品的价格。”在某种意义上，这是对的。但供给和需求什么，人们一般只考虑小麦、玉米、糖、钢铁和其他商品的供求关系，完全忘记货币的供求关系。

货币的需求和供给不能改变货币的价格，因为货币的价格用货币本身衡量。因此，货币的供求关系会对其他商品的价格产生影响，我们在前文已用“鸡蛋货币”（1打鸡蛋代替1美元）的例子说明了这一点。鸡蛋的供求不会改变鸡蛋的价格——以鸡蛋本身衡量的价格，因此，它只会对其他商品的价格产生影响，这些商品使用鸡蛋作为货币进行交易。

如果我们回到原始交易或以物易物社会，我们可以更清楚地看到这一点。假设我们用小麦换生猪。如果小麦价格以生猪衡量，现在小麦价格下跌，我们当然不会说这一定完全由小麦供求变化引起；我们会看到，这也可能是由生猪的供求变化引起。

显然，如果用小麦交换白银，情形必定相同。这里涉及白银的需求和供给，小麦的需求和供给。如果用小麦交换黄金，无论是金条、金币、金券，还是其他可转换为黄金的货币，情形也必定如此。如果有大量黄金，或者其替代货币可转换为黄金，这将需要更多的黄金来购买1蒲式耳的小麦；货币流量越大，价格水平越高，货币流量越小，价格水平越低。

显然，我们永远不应忘记黄金及其替代品（其他货币）的供求关系。黄金及其替代品——纸币和银行存款，今天几乎进入了每笔交易中。货币的需求和供给必定对每笔交易的价格水平产生影响。我们看到，大量的小麦供应使小麦便宜。我们必须看到，美元的大量供应使美元变得便宜，这意味着更高的价格水平。

个别价格运动与总体价格运动

任何单个商品（如小麦）的价格变化，其中很大一部分的确是由该商品的供求关系变化引起的。例如，1926年，棉花价格下跌，其中很大一部分原因是这一年棉花空前丰收，只有一小部分原因在于货币本身价值增加，后者反映在总体价格水平变化上。小麦价格涨跌幅度经常超过50%，而总体价格水平的变化仅为1%—2%。

这就正如海平面的变化方式。在猛烈风暴中，成千上万的波浪一次又一次上下波动，每次波幅几英尺，波幅总共达许多英里，然而总体海平面的波动不会超过一英寸。[1]在最猛烈的风暴中，海平面主要受潮汐影响。在广阔的经济海洋中，价格上下波动（像波浪一样），但净平均变化通常很小。因此，我们必须学会区分价格的个别变动和总体变动。个别价格变动由某具体商品的需求和供给引起，这对应着波浪；总体价格变动由货币的需求和供给引起，这对应着潮汐。

回到面包和黄油例子。黄油的平均厚度（总体价格水平）与面包上各个地方的厚度（单个价格）没有太大关系。无论黄油总量是多少，只要给定，那么面包上各个地方的黄油可以薄也可以厚；然而由于黄油总量既定，某些地方薄，其他地方必然厚。

也许价格水平更好的名称是价格比例尺（scale of prices）。正

1　1英里约合1.609千米；1英寸等于2.54厘米。

如我们放大或缩小地图或图片的比例而不会改变轮廓，我们可以对价格比例尺进行放大或缩小而不影响个别价格关系。

概念“个别价格”和概念“价格比例尺”之间的区别，反映在德国货币通胀时期的“乘数”（multiplicator）工具上。旅店客人用“乘数”换算账单报价。你发现在报价单上，晚餐的价格为“6马克”，房间为“9马克”；但是，在你付账时，这些数字必须乘以“乘数”。这是个代表价格水平或价格比例尺的因子或指数，每天都在变化；该指数随着马克价格的下降而上升。这与晚餐的实际价格没有任何关系，无论晚餐的价格用劳动衡量，还是用相对于房间的价格衡量。乘数是10万还是100万对这些关系没有什么影响，只不过把晚餐和房间价格分别从60万和90万马克，改为600万和900万马克。乘数或指数，省去了频繁重印价目表的麻烦。实际支付的价格是标价与乘数的乘积。

这一原则在美国和德国都普遍适用。你支付的价格都是理想价格与指数的乘积；也就是说，价格问题，一部分是影响个别价格的供求关系问题，另一部分是影响总体价格水平的相对通货膨胀或相对通货紧缩问题。

通货膨胀和通货紧缩如何运行

即使一个人相信通货膨胀和通货紧缩确实能解释物价大潮的涨跌，他也很难“看清”它们是如何运作的。如果此人突然有了很多钱（比如从银行借钱），从而能自由购买，那么他也许能看清。当他大量购买商品时，商品价格显然倾向于提高。如果有足够多的人，也许是数百万人，在同一时间做同样的事情，就像他们在世界大战时期做的那样，价格就会上升。

人们借钱是为了用它买东西。当他们从银行借钱时，为了能开支票，他们把借来的钱存入银行，存款期限只要满足能开支票的最低标准即可。收到支票的人，再把钱存入银行，然后买东西时再开支票。因此，最初由贷款创造的存款继续流通，每流通一次，商品的价格都被抬高或者保持不变。另一方面，当人们由于银行不放贷或其他原因而很难获得资金时，竞购商品的力量就会减弱。价格随之下跌，因为人们没有钱购买。

通货膨胀和通货紧缩的原因

当政府陷入财政困境，尤其是在战争时期，或者在一场战争削弱了政府的财政力量之后，通货膨胀通常就会出现。到目前为止，战争一直是纸币和信贷的最大扩张者，因此也是历史上最大的价格动荡的原因。

纸币和信贷的膨胀间接降低了黄金本身的价值。因此，正如我们所注意到的，世界大战给美国带来了黄金膨胀，因为当欧洲纸币膨胀时，它的黄金流向美国。

世界大战导致美国和其他国家的黄金膨胀，即黄金的购买力下降；而且，下降幅度比以往任何其他原因造成的下降幅度都要大得多。正如我们看到的，1美元的购买力从1913年战前的100美分下降到1920年的40美分，这相当于美国内战期间绿背贬值的程度。

然而，并非所有的通货膨胀都发生在战争时期，和平时期也可能会有相当大的通货膨胀。甚至黄金膨胀，也可能出现在和平时期。原因要么在于黄金的开采量增加，例如我们曾经提及的19世纪中叶的加利福尼亚和澳大利亚，以及19世纪末科罗拉多、阿拉斯加、加拿大和南非的黄金开采量增加，要么在于冶金技术的某些改进，例如氰化提金工艺的发明。

相对其他通货膨胀来说，信贷膨胀更可能在和平时期发生，这通常由银行法的变化或银行习惯的改变引起。例如，《联邦储备法》的通过，虽然一方面是对缺乏弹性的国家银行体系的改善，但即使战争从未发生过，它也可能导致通货膨胀——只需降低对黄金储备的法律要求，就大大增加了信贷扩张的可能性。

现在说说通货紧缩。金矿枯竭、政府减少流通货币量或者银行限制信贷，都有可能导致通货紧缩。

纸币紧缩最常见的原因，是战争过后各国试图恢复黄金兑换。1865至1879年间的美国和1918年的英国都是如此。意大利于1926年也尝试这么做，但后来明智地放弃了。

总　结

综上所述，我们可以说，货币标准有三大干扰因素：政府政策，尤其是战争时期的政府政策；银行政策，这通常与政府有关；黄金产量的波动。

一般来说，战争会导致最大的通货膨胀，而最大的通货紧缩则是在战后政府试图回到战前的金本位制情形下产生的。

必须指出，无论通货膨胀还是通货紧缩，其原因都在于人类的政策（当然，大部分是和平时期的政策，因为战争偶然发生），如果领导人和人民清楚地认识到货币的性质和功能以及通胀和通缩的影响，那么为了防止通胀或通缩，可以修改这些政策。

本章的主要结论有两个：

1. 总体价格水平上升（即货币购买力下降）由相对通货膨胀引起，即由货币流通量超过商品流通量引起；总体价格水平下降（即货币购买力上升）由相对通货紧缩引起，即由商品流通量超过货币流通量引起。

2. 事实上，与商品流量相比，货币流量非常不稳定，因此，现实中的所有重要的通货膨胀或通货紧缩，不仅是相对意义上的，也是绝对意义上的；人均货币流量大幅增加或减少时，人均商品流量可能没有什么大的变化。

因此，我们通常可以省略限定性形容词“相对”和“绝对”，从而简化我们的表述：通货膨胀时，货币价值下跌；通货紧缩时，货币价值上升。

第四章
通货膨胀和通货紧缩的直接危害

货币比商品更易变

正如上一章所说的，公众认为低价格水平源于商品丰盛，而“高生活成本”源于商品稀缺，也就是说，人们认为价格水平的涨跌反映了商品多寡。然而，我们的观点与公众相反。我们发现，价格水平代表着货币多寡。通货膨胀和通货紧缩不仅是相对的，通常也是绝对的。

一旦认识到这个重要事实，公众就会重新认识物价水平涨跌的方方面面。如果“高生活成本”因食物、衣服、住所和其他物品的真正短缺而引起，那么这意味着普遍贫困，人均实际收入下降；然而，如果“高生活成本”由通货膨胀所导致，这不意味着，至少不直接意味着，人们的平均福利降低；换句话说，这不意味着人均商品流减少了。

显然，如果某人以前一年的收入为2 000美元，现在一年为4 000美元，而且他的消费习惯没有改变（以前买什么商品，现在还买那些商品），现在假设这些商品的价格变为以前的两倍，那么他现在的境况不会比以前差，当然也不会比以前好。现在的1美元，只能买到原来1美元买到的一半，然而现在他的收入也是原先的两倍，因此，他的实际情况并没有改变。

世界大战之前和战争期间，生活成本的提高，让很多美国人震惊；然而，与此同时，人们的平均货币收入也提高了。因此，与人们的预期不同，这并不意味着美国将出现任何严重的渐进式贫困。类似的，1921年的大萧条，也与人们的普遍预期相反，并不意味着产品过剩（商品流过剩）。

即使在物价上升了数十亿倍的德国，货币收入也上升了数十亿倍，尽管上升幅度没有物价高。如果货币收入保持在战前水平，即使物价水平上升一百倍，也将是难以忍受的；这将意味着几乎所有德国人都将挨饿和死亡。然而，实际情况并没有那么糟糕。

“仅仅”是记账的变化

然而，如果我们承认价格变动主要由货币价值变动引起，那么自然产生一个问题：这如何理解？答案是，货币的尺度变了，但用货币衡量的商品没有大的变化。如果仅仅因为货币过剩而不是商品短缺，物价水平翻了一番，这种物价上升有什么危害吗？我们用两倍的钱买东西，仅仅是因为我们有两倍的钱。这难道不就是个记账问题吗？如果的确是，物价翻番又有什么要紧的？

事实上，如果每个人的收入都能根据物价的变化进行调整，那物价上升就不重要了。然而，事实并非如此，也不可能如此。即使我们的“量尺”应该变化，但这样的变化，尽管纯粹是个记账问题，也会使商人在销售布料、地毯或电线等时产生混乱，无法保证“足斤足两”的承诺。这样的后果很严重。然而，货币标准的改变带来的后果要严重得多，原因有三：

1. 用来衡量长度的标尺例如码的变化，只会影响那些恰好以码计量的若干种商品的销售。它在丝带市场很重要，但在小麦、糖、棉花、煤炭、石油、木材或钢铁市场则不重要。标尺的变化不会影响以蒲式耳、夸脱、捆、磅、吨、英亩、加仑、千瓦或日工（衡量工作天数）计量的商品的销售。

另一方面，货币尺度影响所有销售。在每一次以码为单位的商品销售中，我们都以美元为货币单位；长度为若干码的地毯，售价为若干美元。同样的，每一笔以英镑、蒲式耳、夸脱或其他任何单位的交易，都使用美元。因此，美元的使用频率等于其他单位使用频率之和。

想一想为了阻止商人利用码、磅或任何其他商品单位的变化来欺骗公众，我们是多么不遗余力地将这些单位标准化或保持稳定，以至于需要官方制定度量衡，你就会明白稳定货币单位对于每笔买卖多么重要！

2. 这种货币尺度用于长期合同，即用今天的美元交换未来的美元。可以肯定的是，也存在以码或其他单位计量的长期合同，但这种合同要少得多，不那么重要，期限也更短。后面这些长期合同的出发点也在钱身上。例如，如果小麦的重量单位是波动的，那么你签订小麦销售长期合同的目的是避免你的利益受损。在现实中，我们从未用现在的码（例如布）换未来的码，用现在的吨（例如煤）换未来的吨。但我们一直在用现在的美元换取未来的美元。

如果某人和你签订美元借款合同，期限10年，到期还你钱，那么在该期间，美元贬值还是增值，对你和他都会有很大的不同。同样，这对债券持有人的影响也很大。

这一点的影响，比第1点中列举的尺度变化的影响严重得多。庞大的长期合同网络，涉及本票、抵押贷款、债券、铁路债券、政府债券、租赁、年金、养老金、保险单、储蓄银行存款等，通常持续数月、数年、几代人甚至几百年，金额总计达数千亿美元。

3. 物理尺度例如码的变化，人们会立即发现。然而，由于货币幻觉，人们很难察觉美元微妙变化带来的灾难性影响。这就造成了更大的破坏，因为人们没有认识到灾难的根源。如果我们知道美元是如何变化的，我们就可以在一定程度上对其进行防范，就像我们可以在很大程度上防范另一个仍在使用的可变单位——月份所造成的损害一样。例如，我们事先知道2月短，3月长，这样我们就能做好相应准备。

基于这三个原因——货币单位在交换中的普遍性，货币在时间合同中的独特地位，以及货币狡猾的隐形——不稳定的美元比任何不稳定的物理尺度的危害大得多。

债务人与债权人之间的不公正

想想货币单位变化对贷款合同的影响。例如，合同期间遭遇通货膨胀，物价水平上升，债权人受损，债务人获利。乍一看，这对结果没什么影响，因为债务人的收益和债权人的损失一样多。有人可能认为，通货膨胀或通货紧缩不会对整个社会造成损害，因为平均财富不会改变。

有人认为，当银行金库被抢或你的房子被盗时，社会并没有变得更穷。如果你是抢劫案的受害者，别人对你说，“你失去的正好是盗贼得到的，整个社会和以前一样好，没什么损失”，你对这种安慰是什么样的感觉？

在某种程度上，美元贬值也是偷钱，尽管不针对任何个人。钱从合法拥有者手中被夺走。恶果不是（至少不主要是）普遍的贫困，而是社会不公。与入室行窃或个人欺诈不同，货币贬值在债务方面不存在违反法律条文的情况，但借贷的精神和意图遭到破坏。

欧洲的例子

极端的例子总能让我们看得最清楚。

有个波兰服装商决定退出服装行业，他把100套衣服卖掉，得到了10万波兰马克，然后用这笔钱投资三年期“安全”抵押贷款，利率（回报率）6%。三年期满后，他得到了1.8万波兰马克利息，也拿回了10万波兰马克本金。但那时这11.8万波兰马克只能买一套衣服！名义上，他得到了6%的利息；实际上，他几乎失去了一切——失去了几乎所有本金和利息。

柏林一位著名教授靠卖书发了一笔小财。他把这笔钱投资于所谓的“安全”债券，期望靠利息生活。在通货膨胀期结束时，他发现自己一辈子辛苦积累的全部财产，买不起一张邮票！然而，债券发行者并未违约。这个教授破产了，不是因为对方没有兑现付款承诺，也不是因为商品稀缺从而变得昂贵，也不是因为他的判断不好；而是因为通货膨胀使马克的购买力几乎降到了零。

在布达佩斯市，一位仁慈的妇女为通货膨胀的受害者建立了优雅的救济院。当我的朋友去那家救济院时，他被带进了一间小卧室，卧室里有一张两人用的小铁床架，一个被当洗脸台用的谷物箱，上面还有一个锡制洗脸盆。救济院工作人员对他说，这里住着两位最高法院的法官，他们把自己的积蓄投资于债券和其他“安全”证券。他们原本丰厚的收入，由于货币贬值，购买力几乎降为零。他们成了慈善的对象。

作为证人，一位德国工人对道威斯委员会（Dawes' Commission）说，他代表1 500万德国劳工。当被问到劳动力最需要什么时，他说：“一种更稳定的货币。”他说，工人们没有办法攒钱以备不时之需，也无法存钱，以便在婴儿出生时支付医生和护士的费用，或支付养老或丧葬费用。马克一夜之间就会失去很大的购买力。当丈夫拿到工资时，妻子会和他见面，抓过钱就跑到杂货店买东西，免得高昂的物价进一步飞涨。

几百万欧洲储蓄银行储户的毕生储蓄，被无情卷走。由于货币幻觉，很少有人知道应该在通货膨胀的早期阶段就去银行提取存款，而且，即使他们这么做了，也几乎无人知道如何明智地进行再投资，以便在价格变动中获利。

在欧洲许多国家，世界大战期间和战后的通货膨胀，实际上毁掉了数百万投资债券的中产阶级；他们是债权人，由于德国马克、波兰马克、俄罗斯卢布和奥地利克朗的贬值，他们几乎失去了全部本金。这些投资者包括教师、律师、法官、牧师、医生、文员、储蓄银行的存款人、债券持有者、人寿保险金的受益人，现在被称为“欧洲新穷人”。他们中的一些人本来有充分的理由期望退休后能过上舒适的生活，现在不得不打零工，为了在晚年勉强维持生计，什么都干。

经济学家詹姆斯·罗杰斯（James Harvey Rogers）教授，在奥地利发现了一个典型例子。某银行拥有许多造纸厂，这在那个国家并不罕见。不想被称为“奸商”（profiteer），这家银行采取了机械收费制度，以奥地利克朗计价。从原材料木浆开始，经理将一项费用增加了固定的10%，然后对另一项费用增加15%，诸如此类，从而构建了一个成本结构，直到确定最终产品的“合理价格”。他们的账本显示，这些工厂是盈利的。

有一天，一家工厂被烧毁，经理被迫出售库存的尚未被制成纸的木浆。从他购买木浆并按成本价入库，到工厂被烧，再到销售木浆的时期内，克朗的贬值幅度非常大，导致木浆以及所有其他商品的价格都“涨”得很厉害。因此，在木浆售出后，经理发现，从账面上看，烧毁的那家工厂的利润比任何一家仍在经营的工厂都要大！原因很简单，由于通货膨胀，他们一直遭受损失，但木浆的损失比纸张损失小。他们没有把账面资金换算为购买力；他们用克朗计算，好像克朗是固定和稳定的，然而它是不固定和不稳定的。

然而，奇怪的是，尽管通货膨胀仍在继续，但普通民众却很难承认钱可能太多了。钱，无论人们有多么多，似乎总是稀缺的。

一旦快速通货膨胀开始，人们要求更多钱的呼声往往越来越高。

与通货膨胀有关的货币幻觉最显著的例子，可能发生在德国。1923年8月7日，帝国银行行长在议会前发表讲话，他自负地说：“目前发行的纸币达63 000 000 000 000 000（读作6.3亿亿）；再过几天，我们就能在一天内发行总发行量的三分之二。”最奇怪的是人们如何理解这个宣告。通货膨胀正在以惊人的速度运行着，并且不断加速，但似乎没有人关心它将如何结束。

这种漫不经心的乐观主义，让人想起了耶鲁大学著名智者威廉·里昂·菲尔普斯（William Lyon Phelps）对乐观主义者的定义：有人从19层楼的窗户上摔了下来，在落地前他一直喃喃自语着“目前还不错（so far so good）”。

当然，在通货膨胀期间，少数人因前期负债而致富：实际上，他们的债务在这期间几乎变为零。战时德国著名的百万富翁胡戈·施廷内斯（Hugo Stinnes）就是个杰出的例子。有时，那些从通货膨胀中获利的人或家庭，也会陷入通货紧缩的逆流中，然后一败涂地。施廷内斯家族的继承人就是一个例子。

美国的例子

即使美国也未能幸免于难。1896年，某工人在一家银行存了100美元，1920年他发现，本金加上4.5%的复利，大约有300美元。表面上看，他拿回了本金，还赚取了200美元的利润或累积利息。这200美元似乎是对该工人节俭行为的真正奖励。但这是个利润幻觉，就像第一章提到的德国妇女出售衬衫的“利润”，或刚刚提到的奥地利造纸厂的“利润”。账面上的利润，源于用美元记账造成的错觉，人们忽略了美元的价值是变化的。

1920年，当这位储户准备消费他的300美元时，他发现价格几乎是1896年的4倍；因此，他几十年积累下来的300美元，只相当于1896年的75美元左右。显然，如果他在1896年花掉100美元，他会过得更好。如果他在1896年把100美元变成家具、珠宝或其他有代表性的商品，并把这些商品一直持有到1920年，那么他在这段时间里就可以使用它并从中受益，而且比储蓄者有更大的优势，因为这些商品“升值”了大约4倍。因此，他的节俭行为不仅没有报酬，反而遭受了惩罚。他不仅失去了利息，也失去了部分本金。

我们准确计算一下。此人在1896年存了100美元；1920年的每一美元价值，是1896年的$26\frac{2}{3}$%，即$26\frac{2}{3}$美分。1920年，他拿到了300美元，这相当于1896年的80美元（$=300\times26\frac{2}{3}$%）。总之，按相同购买力计算，他最初投入了100美元，后来拿到了80美元。由此可以看出，他不仅没得到利息，还损失了20美元本金。储蓄者没有因为节俭而得到奖励，反而受到变化莫测的美元的沉重打击。此人确实没有获得任何利息。这一切都因美元贬值而付诸东流。如果读者对此感到惊讶和怀疑，那是因为货币幻觉隐瞒了真相。

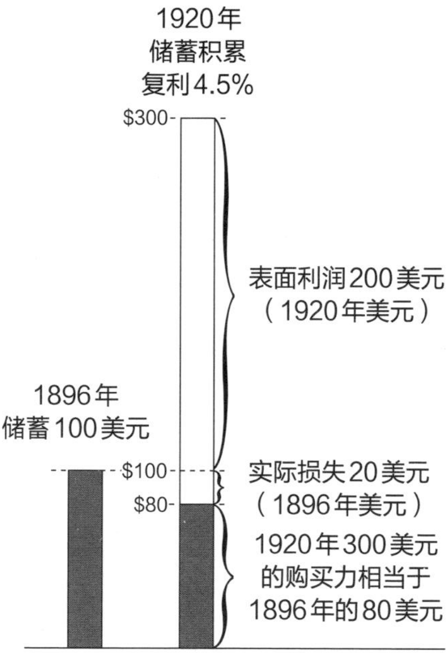

图4　利息幻觉

图4描述了储户以1920美元计算的表面收益，以及以1896美元计算的实际损失。在购买力上，1896年损失20美元，相当于1920年损失75美元。

1896年以前，赫蒂·格林（Hetty Green）和罗素·塞奇（Russell Sage）靠低息贷款发了大财。如果他们在1896到1920年期间放贷，他们就会竹篮打水，一无所获。不仅如此，他们会比一开始更穷。

假设塞奇在1896年开始放贷，本金100万美元，利率4.5%，他年复一年地进行再放贷，那么，他与储蓄银行储户的处境完全相同，只不过规模更大。如果按1920美元计算，他可以获得300万美元——这只相当于1896年的80万美元。在这个时期，所有的节俭或储蓄行为，无论来自富人还是穷人，都没有得到奖赏，反而受到惩罚。

美国债券和抵押贷款

1896—1920年购买的任何黄金债券，都是名副其实的金砖。然而，由于货币幻觉，即使到今天，也很少有人知道这一点。耶鲁大学在无息时期损失惨重。最近，它再次募捐2 000万美元，校长詹姆斯·罗兰·安吉尔（James Rowland Angell）说，这主要是因为美元购买力下降。为了恢复1914年持有的债券、抵押贷款和票据的购买力，耶鲁大学需要募捐700万美元。当然，其他接受捐赠的大学、基金会、医院和教堂也遭受了同样损失，只是损失金额不同。

一位商人管理着3 000万资产，他总是鼓吹自己的投资是“安全的”，他说这些年里，他从未损失过一分钱。一位刚刚开始担任“投资顾问”的年轻人，成功地让该商人明白，由于该商人只投资债券和抵押贷款，他的投资不仅不安全，反而损失了资产原值的三分之二，因为在他投资期间，美元贬值了三分之二。

然而，当这位谨慎的经理在他所谓的“安全”投资利息上斤斤计较时，他却忽略了本金的缩水。美国银行（Bank of America）第一副总裁约翰·罗文斯基（John E. Rovensky）说得好：“在20年期债券售价（利率）问题上，当银行家甚至无法确定债券的本金将以80%、100%或120%的比例偿还时，他们对利率问题已争吵了好几天：利率应为4.75%还是4.78%？这表明他们分不清问题主次，真可笑！我们（银行家）深入研究了未来10年的利率趋势是上升还是下降1%或2%，然而，与此同时，我们却用随意的方法衡量本金的价值会上升还是下降10%或20%。幸运的是，商人和银行家开始意识到这种情况，并准备重点支持对货币贬值恶果及其补救办法的研究。”

实际利息与货币利息

正如货币幻觉掩盖了货币工资和实际工资的区别一样，它也隐藏了货币利息和实际利息的区别。以货币表示的利率（即货币利率或称名义利率），与以商品表示的利率（即实际利率）不一样，除非物价水平稳定。

如果物价水平每年上升1%，那么5%的货币利率意味着实际利率为4%。如果物价水平下降1%，那么5%的名义利率（即货币利率）意味着实际利率为6%。

正如我们所看到的，在1896到1920年间，实际利率被掏空了。实际利率甚至小于零。但在1921年的通货紧缩时期，实际利率高达60%。在此期间，一位美国著名的百万富翁负债累累，损失了将近1 500万美元的全部财产，原因正因为实际利率太高，导致他资不抵债。

美 国 农 民

这个时期（1896—1920年），农民也遭受了通货膨胀导致的损失，而且我们都知道，他们的损失还没有结束。狡猾的美元把他们的处境完全搞砸了。在通货膨胀和物价水平迅速上升的时期，农民在高利润的诱惑下，在爱国主义的号召下，试图用小麦、玉米、猪和牛肉产量打赢战争，这导致农作物的面积和产量大大超过和平时期的正常水平。

在暂时的暴利诱惑下，农民纷纷以高价格购买土地。所有这些过度的生产刺激都是有害的，对土地价值投机的过度刺激更为严重。但是，如果通货膨胀保持在一定水平，比如即使保持在1920年的最高水平，这些后果本来可以得到解决，而不会造成灾难性的后果。

但通货紧缩随之而来。农民扩大种植面积时，小麦的价格为2.5美元/蒲式耳，现在他们甚至无法以1美元/蒲式耳的价格卖掉小麦，尽管此时世界上有一半的人需要小麦填饱肚子，而且世界可能有十分之一的人正在遭受饥荒。那些受爱国主义或利润的驱使，以极其高的价格买入农田的农民，无法实现盈利目的。他们失去的不仅是他们鲁莽地以“保证金”购买的土地，而且还失去了他们在土地上的所有其他投资，例如耕种费用。

但这只是故事的开始。大量银行接管了成千上万的农场，不是因为他们想要这些农场，而是因为他们是向农民发放贷款的机构。数百家银行倒闭了，而银行倒闭又导致了制造业或销售机构的倒闭。

受托人的“安全”投资

寡妇和孤儿是“安全”投资的特别受害者。1892年，一位女士的父亲给她留下了50 000美元的遗产，而这正是美元最值钱的时候。这笔钱被托管，投资于所谓的“安全”债券。1920年，在美元最不值钱的时候，我陪她去拜访了受托人。受托人开始解释在这笔钱的投资上多么谨慎。他告诉她，本金还在，但损失了

2 000美元。对于这笔损失，受托人详细解释说，这不是他的错，而是因为这位女士的父亲不明智地投资了一些铁路债券。

他观察到了我的冷笑，问我原因。我回答说:“你说50 000美元本金，你只损失了2 000美元，或者说损失了4%；但实际上你损失了大约75%。”

他说:“你这是什么意思？你可以查看我的账本。”

我当然不怀疑他的诚实。我对他说，当委托人也就是那位女士将5万美元交给他的时候，这笔钱相当于1920年的19万美元左右。我补充道:“你没有得到19万美元；你刚才说你只有4.8万元。这个损失大约为75%［=（19−4.8）/19］。而且，你每年付给这位女士2 500或3 000美元。她一直靠它生活。你和她都认为这是利息；但是，事实上，她只是一直在吃她的本金。为了维持她的本金购买力，你应该每年把足够的利息收入再投资，用其作为本金贬值的偿债基金。但是你没有足够的利息收入。即使你把你付给她的利息全部再投资，你现在也不会有19万美元。此外，你每年付给她的2 500美元或3 000美元利息，只值最初利息的四分之一。这位女士的收入和本金,（在价值上）仅为信托开始时的四分之一，因此只要美元不稳定，每个债券持有人的‘稳定’收入都是一种错觉和陷阱。你的账本都搞错了，因为你用错了单位，它欺骗了你和这位女士，它甚至把利息和本金都混淆了。美元和马克一样，都是真正可变的单位；今天的5万美元与1892年的5万美元并不完全相同，今天的5万马克和1892年的5万马克也不完全一样。”

他终于承认了这一点，但坚持说:“这不是我的错。”

“这不是你个人的错，”我说，“但你们这些照顾寡妇和孤儿财产的人，有责任关心这些重大问题；这个问题人人有责，但正如格言所说，人人有责等于无人负责。”

“但是，”他回答说，“每个人都因生活成本高而遭受了损失，不是吗？”

“不！”我说，“有人输，就有人赢；这位女士失去的，正是他人得到的。这不是这些人的错，也不是你的错；这是不稳定的美元的错。但这也意味着，我们所有人都有错，因为我们没有纠正这种波动的价值衡量标准。”

他问道：“那么谁得到了这位女士失去的财产？”

我回答说：“她是个债权人，即债券持有者；这类人都是输家。赢家是债务人，即股东。”

“谁拿到了钱？”

举例说明股东和债券持有人之间的这种“赌博”[1]。假设在世界大战前的1913年，某公司发行1亿美元的债券和1亿美元的股票。这两种证券的报酬率都为5%，所以，债权人和股东都能得到500万美元报酬；假设在战前，公司利润为1 000万美元，全部在这两类投资者（债券持有人和股东）之间分配。

1　即通货膨胀或通货紧缩对二者的影响。

现在让我们看看，如果美元的购买力变为原来的一半，也就是说，如果价格水平翻了一番（1919年跟1913年相比确实是这样）。再假设这家公司在战后的实际业务量与战前相同，但价格变为原来的两倍。这样一来，以美元计算的利润就会变为原来的两倍。这是因为，如果收入和费用都变为原来的两倍，二者之差也就是利润，也必定变为原来的两倍。因此，利润将是2 000万美元，而不是1 000万美元。然而，尽管名义上，现在的利润是原来的两倍，但在实际价值上，它与原来利润相等。

然而，这2 000万美元不会像原来的1 000万美元那样在债券持有者和股东之间平均分配。为什么？因为债券持有人的报酬率，按合同规定为5%。因此，债券持有人得到的报酬，和原来一样，都是500万美元。注意这是名义上的，其实际价值只为原来的一半，因为物价水平翻了一番，也就是美元贬值了一半。在对债券持有人分派利息500万美元之后，利润还剩下1 500万美元。这1 500万美元归股东所有。名义上，股东们得到的是战前的3倍，但如考虑到美元贬值了一半，他们真正得到一战前的1.5倍。

因此，股东获得的实际价值比战前更高，而债券持有人获得的实际价值则相应减少。相当客观地说，这意味着通货膨胀从债券持有人的口袋里掏出了钱，并把它放进了股东的口袋，注意原因仅在于美元的价值发生了变化。

现在假设风向变了，也就是说现在是通货紧缩，那么结果也恰好相反。假设通货紧缩导致价格减半，公司的收入和费用也都减半。所以，利润也将减半。因此，公司分配的利润不是1 000万美元，而是500万美元。（当然，由于价格水平为原来的一半，现在500万美元的价值与原来的1 000万美元一样高。）

然而这500万美元不会平均分配给股东和债券持有人；因为根据合同，债券持有人有权获得5%的利息。前面我们假定债券总额为1亿美元，因此公司需要支付的利息为500万美元。这样，公司的利润，也就是500万美元，将全部用于支付债券利息，也就是说，全部被债券持有人拿走了，股东一分钱也没得到。这家公司濒临破产。如果真破产了，公司就会走破产流程从而被接管。可能有人会因此责怪公司管理层，但造成损失的真正“强盗”是美元。

我们已经讨论过农民和股东情形。注意，股东和农民很像，农民抵押了农场，农民的债权人类似债券持有人。如果形势是1919年那样的通货膨胀，农民受益，债权人受损；相反，如果形势是1921年那样的通货紧缩，债权人受益，农民受损。

战 争 债

政府也处于同一场“赌博”中。通货膨胀和通货紧缩对巨额战争债的影响，比较有趣。在国际联盟的一份关于1922—1926年公共财政的备忘录中，世界各国的公共债务被重新计算，计算依据是世界大战前货币的购买力。我们发现，意大利1914年的欠债为160亿里拉，但在1925年只欠了130亿里拉（按战前购买力计算）。也就是说，尽管战争费用巨大，从而在名义上增加了以里拉计算的债务，但由于里拉贬值，实际债务负担反而减轻了。意大利政府从这次通货膨胀中得到的，正是它的债权人（意大利公民和外国公民）损失的。

当然，德国马克的贬值实际上消除了德国的国内债务，尽管在纸质马克消失后，德国知趣地“重新估价”其国内债务；也就是说，它已承诺偿还部分债务——相当于17.5亿黄金马克的债务。然而德国人和德国公司并不总是那么大方。据说，一家大型轮船公司最初欠下数百万美元的债券债务，最后它用1 100美元彻底还清。

（在大战中，只有美国、英国和大英帝国的自治领的债务没有因通货膨胀而减少。战争使加拿大的实际债务负担增加了3.5倍以上；英国增加了5.5倍；美国增加了10倍；澳大利亚增加了13倍。）

然而，我们决不能认为，大战带给公众的负担因通货膨胀而减少了。货币贬值的确让纳税人得到了好处，然而在他们放贷（储蓄）时，这些好处又被夺走了。公共债务的担子并没有减轻，它只不过从纳税人肩上转移到了投资者的肩上。

然而，与私人债务的不公平相比，公共债务的不公平简直微不足道。这是因为在私人债务领域，大量的私人放款者不得不接受借款人用贬值的货币来还款。

保险合同类似债券，因为保险合同是在未来某个日期支付一定金额的协议，但这种协议并不意味着要按购买力支付。欧洲男人购买死亡保险时，通常以妻子作为受益人，但通货膨胀抢走了寡妇们的保险赔偿金。美国的情况也类似。1920年，一位妇女在丈夫死亡时得到了1万美元的保险金，需要注意的是，保险合同于1896年签订，合同约定保险金为1万元；若按购买力计算，当时的1万元现在为4万美元，也就是说由于通货膨胀，这位女士仅得到保险金的四分之一。

工　资

工资合同也像债券。虽然工资合同时间较短，可以重新调整，但很少能及时或充分调整。当物价上涨时，拿着固定工资的你，就好比追赶一列失控的火车。一所美国西部大学的院长写信给我说，他于1914年开始工作，工资为2 800美元。他很自然地预计到1925年，在服务11年之后，工资能大幅增长。但事实是，1925年，他的工资是5 000美元。尽管从表面上看，这5 000美元几乎是他1914年工资的两倍，然而如果换算成1914年的美元，我们就会发现这大约值3 000美元，只比最初的2 800美元多了一点点。

这种社会不公平的程度

这种微妙的广泛抢劫，或通过通货膨胀将价值从债权人转移给债务人，或通过通货紧缩将价值从债务人转移给债权人，涉及的金额很大。尽管美国不稳定货币造成的恶果比其他国家小得多，但根据美国国家经济研究局（NBER）的威尔福德·金教授（最优秀的统计学家之一）估计，仅在美国，在短短6年（1914—1920年）内，这种抢劫的金额就高达600亿美元。所有这些抢劫行为都是合法的，尽管这违反了美国宪法规定的基本权利原则。这是未经正当法律程序而被掠夺的财产。

假设有一起6 000万美元的银行抢劫案，那么每家报纸的头版都报道。通货膨胀“抢劫”了600亿美元，是前者的1 000倍。然而，这种抢劫非常巧妙，当时和现在都很少有人认识到这一点。如果不是因为货币幻觉，这些巨额资金的得失将为众人所知，其原因也将清楚明了。财产被掠夺的人将提起诉讼状，要求赔偿和纠正作恶的美元，也有可能因此出现抗议、骚乱和叛乱。

金矿赌博

现在的情况是，在金本位国家，每一份合同都是对黄金美元（金元）未来价值的赌博。如果开发了新的金矿，或发现新的冶金工艺，或者引进一种新的银行体系来节约黄金，那么黄金很可能会贬值。如果黄金产量下降，黄金价值肯定会上升。以黄金美元计价的合同，就是对黄金产量增加还是减少进行赌博，尽管当事人未意识到这一点。

正如我们所看到的，在我们有安全的美元之前，不可能有所谓“安全的”债券或类似的支付承诺。对方承诺50年后支付1 000美元，这是个什么样的承诺？答：对方只不过承诺支付1000X，其中X是个未知数。我们非常小心地通过担保、留置、抵押等手段来规避承诺风险，即保证我们能得到1000X；但我们根本不关心X是什么，我们漫不经心地、理所当然地认为X将保持不变。我们认为我们的放款是“安全的”，天天谈论着各种“证券”[1]，却没有意识到这些名称多么可笑。

因此，我们对美元的主要指控是它的价值不确定。只要把美元当作标尺，每一份合同都必然是张彩票，每一个签约方都在不知情情形下被迫成为一个黄金赌徒。

很多人害怕投资金矿企业，他们只购买“金边”[2]黄金债券。然而，正是这些人把全部财富都押在了黄金的不稳定价值上。他们是世界上最大的赌徒，然而自己并不知道这一点。在过去几十年间，他们在这场赌博中输的比世界上所有的赌徒输的都要多，他们对此全然无知。目前，在金本位国家，投资者持有数千亿美元的债券，他们一点也没意识到这些债券的风险。

商人除了承担自己生意的风险外，也同样无意识地参与了赌博。生意总是因各种不确定性而受损。不确定性打击了商人的努力，美元购买力的不确定性，是所有商业不确定性中最严重的。

当然，指责彩票中奖者是没有用的。公众认为低价是由邪恶

1　Security，本意为安全。

2　指价值最高的。

的债券持有者的“压制”所造成，这是很大的错误。类似的，公众认为奸商的卑鄙导致了高价，这也是很大的错误。错不在他们。尽管在某种意义上，他们的确赢得了邻居的赌注或掏了邻居的腰包，但他们的行为并不是有意诈骗。他们和普通大众一样，只是无意识的赌徒。他们只是在赌博。我们应该终止赌博，而不是责怪赌博的获胜者。

高度文明的一个主要标志，是人类所面临的风险和生命财产危险的减少。因此，我们设计了详细的保险计划。我们发动了“安全第一”运动。我们固定和捍卫所有度量衡，除了最重要的一个——美元。因此，从这个安全标准来看，不稳定的美元是野蛮的遗产。

第五章
通货膨胀和通货紧缩的间接危害

货币不稳定与商业不稳定

我们已经看到，不稳定的美元扰乱了各种各样的合同和金融安排，从而产生了严重的社会不公，这相当于一种微妙且大规模的“掏人腰包”活动。

但这种“掏腰包”只是第一种影响，或者说直接影响。其他影响，也即间接影响，也随之而来。首先，不稳定的货币至少部分解释了商业波动即所谓“商业周期”的秘密！繁荣、衰退、萧条和复苏长期困扰着商界。

对于商业周期，有些人给出了似乎合理的解释，但这些解释与德国女店员对“生活成本高”和衬衫价格影响因素的解释（参见第一章）一样，都不完整，也不令人信服；原因也相同，他们没找到真正的根源。哪里有不稳定的货币，哪里的公众就会困惑，因为不稳定的货币仍然隐藏在幕后，它们就像魔术师手里的花招，让人看不清楚。由于货币幻觉，人们忽略了导致经济繁荣和恐慌的一个主要原因。只有通过经济和统计分析，人们才会认识到贸易波动在很大程度上是由美元购买力的变化引起的。

货币贬值（物价水平上升）刺激商业活动，货币升值（物价水平下降）抑制商业活动。原因很简单：当生产者得到更高的价格时，他们最初不必支付相应的更高的成本。例如，工资的增长不会像商品价格增长那么快，因为工资是由几个月前或几年前签订的合同规定好的，不会立即变化。类似的，但也更重要的，是生产者最初也不必支付更高的租金和利息。这些重要费用增长的滞后性，通常意味着总费用的增速比总收入慢。因此，利润，即收入超过费用的那部分，一开始往往会增加。相反，价格水平下降会导致利润减少。

现在，追逐利润的是产业的领导者，他们的生产决策取决于产出率。因此，当价格水平上升，利润增加时，工业扩张，商业繁荣；而当利润下降时，工业收缩，商业萧条。

因此，获利者遵循利润动机，但即使这样，他也很可能被货币幻觉所误导。例如，在通货膨胀期间，原材料成本和其他成本似乎低于实际水平。成本发生时美元的价值，高于后来产品销售时的美元价值，这是因为美元贬值了。因此，原始成本中的美元和后来销售收入中的美元是不一样的。

制造商（生产者）被欺骗了，就像德国店主或奥地利造纸厂商一样，他们认为自己有盈利，其实在亏损。受这种明显的高利润所诱惑，很多制造商扩大了产量，不停借债，结果却发现，社会浪潮转向了，自己被过度扩张毁了。

这个例子再次说明了不断变化的货币造成的混乱以及商人对账本的误解。一般来说，货币不稳定造成的影响，在通货膨胀期间是过度扩张业务，在通货紧缩期间是过度收缩业务。因此，随着货币价值的波动，商业活动也出现了混乱。

我自己的一项统计研究表明，几乎每一次美元购买力的下降，都会导致交易额的增加，而几乎每一次美元升值，都会导致交易额的减少。破产和失业的统计数据与美元的变化，也遵循着同样的关系。图5描述了价格水平的变化与交易量变化之间的关系。

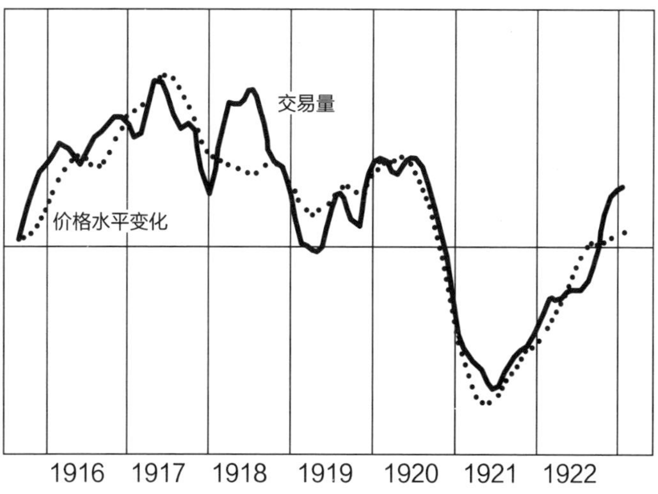

注："价格水平变化"的详细解释，可参见Jour. Amer Statist. Assoc. June, 1925, pp. 181–189.

图5　价格水平变化与交易量变化

货币不稳定与就业不稳定

没有什么经济问题比失业问题更能引起人们的兴趣和受到更多的关注，与此同时，也几乎没有什么经济问题比失业问题更令人困惑。国际劳工局（位于瑞士日内瓦）自1920年成立以来，就对就业不稳定与货币不稳定的关系进行了广泛研究。国际劳工局失业处处长亨利·菲斯（Henri Fuss）指出，1919—1925年期间，22个国家出现通货紧缩，随后所有这些国家都出现了贸易萧条和失业率上升，只有3个不重要的例外。

在美国和英国，1920—1921年的通货紧缩导致几百万人失业。失业是革命动乱的根源。1925—1926年，英国又出现了第二次通货紧缩，目的在于使英镑回到金本位制，从而恢复原来的兑换比率：1英镑换大约4.86美元。英国再次出现了失业，劳工不满，继而爆发了英国历史上最大规模的罢工。英国内政大臣估计这次罢工的代价为20亿美元——“这一损失甚至比南非战争的损失还要大”。当然，损失的背后还有其他原因；但通货紧缩是一个强有力的因素，而且由于货币幻觉，这个原因通常被低估。

英国的第二次通货紧缩拉低了美国的物价水平，而美国的通货紧缩，我认为，是今天美国失业的一个原因。波兰的政策与英国不同。世界大战之后波兰一直通货膨胀，严重影响了汇率、工资和税收。在1924年6月之后的两年通货膨胀期间，波兰的物价水平从与金本位世界相同的均衡水平上升，上升幅度超过50%。物价被调整到新的水平。在这种背景下，甘末尔委员会

（Kemmerer Commission）正确地指出，试图让兹罗提（Zloty，波兰货币名）恢复到与黄金法郎同等的水平，“在经济上是不明智的，在政治上也是行不通的”。相反，他们建议将其稳定在原来的位置。这样能避免英国通货紧缩政策后的失业和萧条现象在波兰重现。

劳动的利益

劳动的利益尤其需要稳定货币单位施加保障。劳动者，不仅是通货紧缩造成的失业的受害者，还是通货膨胀造成的高生活成本的受害者。其他一些阶级，至少有机会从物价的上涨或下跌中获得暂时的利益；然而，在经济上或其他方面受挫的劳动者，是社会中最无助的一帮人。

的确，当物价上涨时，劳动者通常发现，他很容易就能找到并维持一份工作，但他也发现工资很难维持生活；换句话说，找到工作容易，但找到能维持生活的工作很难。他的货币工资增速总是远远落后于生活成本的增速。

1922年中期，德国发生了严重的通货膨胀。最极端的实际工资损失就发生在这段通货膨胀的初期。1923年1月的一个星期内，德国各类技术工人的工资已提高到1913年的500多倍。但是生活成本已上升了1 100多倍，因此，工人的周薪18 000马克，买不到1913年他每周35马克工资的一半。

事实上，在德国大通胀的整个时期，生活成本和工资率之间有一场持续的马拉松赛跑。在大通胀的后期，工资每天都会根据生活成本指数进行调整，但除了采矿业外，所有行业和职业的技术工人和非技术工人的工资仍然落后于物价。（由于煤炭在赔偿金中的重要性，矿工的工资受到特别优待，1923年的几个月份，特别是4月和8月，矿工工资的购买力超过了1913年的水平。）

极端的高度出现在1923年12月。当时一个金属加工行业工人的平均周工资接近30万亿马克，大约是1913年工资的8 500亿倍，而生活成本却增加了约12 500亿倍。这样的工人是超级亿万富豪（钱多得简直“做梦都想不到”），但他几乎无法支付屠夫、面包师和纸制鞋匠的工资，因为他现在的30万亿马克，只能购买到1913年他的工资（36马克）的70%左右。

物价不断上升背景下的更高工资，比如德国情形，正是爱德华·法林（Edward A. Filene）所称的“虚假”工资的典范。从实际工资角度看，工人是货币幻觉的受害者。当他们确实部分意识到货币工资和实际工资之间的区别时，他们的醒悟往往表现为责怪雇主，而不是指责马克或美元。

另一方面，当物价水平下降时，那些有工作的工薪阶层得到了生活成本降低的帮助，然而大量的失业意味着，从平均和长期来看，劳动力会因价格下跌而遭受损失。

总之，无论通货膨胀还是通货紧缩，劳动力都会遭受损失。作为一个阶级整体，劳动力的实际工资降低了，原因要么在于工资落后于高生活成本（在通货膨胀期间），要么在于一些工人失业而没有工资（在通货紧缩时期）。

社 会 不 满

货币不稳定能够造成多种危害，到目前我们已看到了其中两种：一是社会不公，我们已在上一章说明；二是商业、工业和就业方面的紊乱，如本章所示。

这两种经济弊病又导致另外一种衍生的弊病，即社会不满。正是人们不了解美元购买力的变化这一事实，导致了他们的不满。例如，当通货膨胀持续，工资增速落后于物价时，工人常常认为雇主玩弄他们，因为他们每增加一次工资，生活成本也增加了。

有位精神病医生对这个问题感兴趣。他说，不稳定的货币似乎是一种社会精神病，它的症状和个人精神病类似。

精神病患者不知道是什么让他苦恼，他只是不耐烦，并胡乱寻找原因。类似的，公众也不理解通货膨胀和通货紧缩及其伴随的恶果，但他们确实敏锐感觉到有人以牺牲他们的利益获利。公众因此认为责任正在这些所谓的流氓身上。当价格水平下降也就是货币升值时，放债人（债券持有人）得到了好处，也得到了公众给他们起的绰号，例如1896年布赖恩总统时代的“华尔街的掘金者”或“腰包膨胀的债券持有人”。此时，银行家和放债人是公众不满的目标。另一方面，当价格水平上升时，公众又开始谴责获利者（借债人），并给他们起了个绰号——“奸商”（profiteer）。

正如我们所看到的，在这两种情况下，公众的指责都是不合理的：当物价下跌时，“腰包膨胀的债券持有人”想不获利也难，通货紧缩让他们自动获利；当物价上升时，“奸商”几乎无法获利，通货膨胀让他们自动受损。

1919年，纽约州中部的一个木材商人，由于不想被称为奸商，他最初试图按照进货价加上一个比较小的百分数对木材定价，就像奥地利银行为其造纸厂产品的定价方式一样。当这位木材商人发现自己的木材不是卖给了公众，而是卖给了当初把木材卖给他的那些批发商时，他才突然意识到自己的做法多么愚蠢！批发商发现从这位木材商人那里购买，比从木材厂购买便宜多了！

然而，不管是否合理，通货膨胀或通货紧缩通常引起公众不满。当物价水平迅速上升时，劳动者理所当然地感觉受到了伤害，其中一些激进的人开始憎恨社会。随着通货膨胀的持续，劳动者越来越不满意，他们把自己的困境归因于“剥削”的社会制度，认为这种制度故意掠夺他们的财富。

在这种社会不满的背景下，激进的理论就产生了。达伯农勋爵在世界大战期间说，激进理论主要是由货币购买力的变化引起的。这是一种试图纠正社会不公的粗暴办法。然而，这种社会不公至少有一部分是真实的；具体地说，由货币不稳定造成的那部分社会不公是真实存在的。

劳动问题

即使最公平的工人和最公平的雇主也容易因为货币不稳定而产生分歧。正如弗农勋爵（Lord Vernon）所指，不稳定的货币是劳资关系恶化的主要原因。我们已经知道，当物价水平上升时，工人抱怨生活成本高，要求提高工资。这是一个合理的要求，但雇主很可能会拒绝，特别是如果他们与工人有长期合同或协议时。罢工往往是这两种观点难以协调的结果。

另一方面，当物价水平下降时，雇主就会设法降低工资。这也是合理的，但工人几乎肯定不同意，特别是如果他们有一份对自己有利的合同或协议时。这很可能导致雇主关闭工厂。

正如弗农勋爵在《煤炭与工业》（*Coal and Industry, the Way to Peace*）一书中所说：

> 如果争端变得严重，政府可能会介入并进行调查：1919年的桑基委员会（Sankey Commission）是第一个例子，1926年的塞缪尔委员会（Samuel Commission）是第二个例子。最终，不管工人有没有罢工，在经历了大量的怀疑、误解、辱骂和怨恨之后，工资开始上调或下调。
>
> 这个奇怪的过程通常被称为“进行必要的调整”，这实际上是指根据货币价值的变化而向上或向下调整工资，而且应该注意，在第一个例子中，这个过程是从零售端开始的，它发生在矿工想在商店里买东西时；而在第二个例子中，这个

过程是从批发端开始的，它发生在煤矿主出售煤炭时。

工业界的双方都不喜欢这个过程。所有明智的雇主都不喜欢减薪和停工，而工人则害怕罢工。在很大程度上，雇主和工人都是他们无法控制的环境的受害者，如果这个分析是正确的，哪怕只有一点是正确的，它也表明人们认为工人“罢工”和雇主“停产”是多么幼稚，这种幼稚的感觉在每一次争端中都很明显。无论如何，在很多情形下，工人“罢工”和雇主“停产”都是由同一原因引起的，但有时这种主动权强加给工人，而在另外一些时候，强加给雇主。

因此，不稳定的货币是工业动乱的一个主要原因，稳定的货币是工业和平的一个主要原因。

总是净损失

这项关于货币不稳定的危害的研究始于下面观察：货币不稳定使我们的账本具有误导性，而且导致价值从一个社会阶层到另一个社会阶层的不公平转移，但这基本不是整个社会的损失。一些人的所失，正是另外一些人的所得。

然而我们现在知道，损失超过了收益，原因在于货币不确定性带来的间接伤害——萧条、失业、不满、罢工、停工、破坏、暴乱、暴力。这意味着公众遭受巨大损失。

无论物价水平是涨是跌，公众都能感受到损失。

当物价水平上涨，商业暂时受到刺激时，“繁荣”基本上是一种假象。债券持有人、大多数工薪阶层、很多打零工者以及收入固定或接近固定的所有其他人，距离繁荣还很远很远。我们必须记住，“繁荣”是商人的术语，它描述的是阶级利益状况，而不是一般福利条件。因此，在通货膨胀期间，这一时期所谓的“繁荣”实际上是一种阶级繁荣——获利者以牺牲他人福利为代价来增加自己的福利。

此外，与普通赌博类似，即使赢家的收益，最终也基本被卷走。当价格水平上升时，罢工、暴乱和暴力事件经常发生，它们是价格上涨的副作用。这些副作用通过阻碍工业车轮，甚至摧毁工业工具，夺走了赢家的利润。因此，与其说这是个谁能获得利润的问题，不如说这是个是否有利润的问题。例如，从经济上讲，德国战后因巨大通货膨胀遭受的损失，可能比战争本身导致的损失还要大。

类似的，在价格下跌期间，当获利者不是商人（债务人）而是债权人时，赢家也很可能输掉赢来的钱。债券持有人通常是资本的简单投资者，他们是商业的“沉默合伙人”。一方面，债券持有人缺乏承担风险或成为行业巨头的气质和训练。但是，在持续多年的价格下跌期间，他们一直在榨干他们所持有债券的企业的生命之血，尽管他们没有意识到这一点。到最后，没有什么利润留给企业管理者和股东，抵押贷款就被取消了赎回权，而对灾难负有责任的企业管理者则被迫离开，名誉扫地；企业管理者无法解释，甚至无法理解这种灾难并非完全是他们的错。这个错误是由不可靠的计算工具——美元引起的。另一方面，债券持有人或他们的代表（通常是律师）掌握控制权，无论他们是否知道如何运营和管理企业。因此，管理权往往会落入“错误的人”之手，造成企业管理不善。债券持有人在不知不觉中变成了夏洛克[1]，不断地割取自己应得的肉，直到曾经盈利甚丰的企业流血至死。

在经济萧条时期失业的工人，再也得不到失去的工资。皮之不存，毛将焉附？工人失去的，并未被雇主或其他人得到。闲置的工人和闲置的机器代表着整个社会的全部损失。

结　　论

在本章和上一章，我们已经看到：不稳定的货币有时掠夺一个阶级，有时掠夺另外一个阶级；不稳定的货币扰乱了各种计算、经济关系及其调整；不稳定的货币在贸易和就业方面造成有害的波动，从而产生不满情绪、劳资纠纷、阶级仇恨和暴力；最后，不稳定的货币代表着普遍的经济损失。货币不稳定的这些罪恶可以归结为三种：社会不公；社会不满；社会效率低下。

1　Shylock，莎士比亚戏剧《威尼斯商人》中的人物，常用以形容贪婪无情的放债人。

第六章
我们怎么办?

我们能做点什么?

我们已经看到了货币不稳定的巨大危害。对此，我们能做点什么呢?难道我们应该将这种邪恶看作天意或命运来接受，就像接受地震和龙卷风一样?

即使是地震和龙卷风，我们也可以通过合理建造房屋来抵御它们。在这一章，我们将暂时接受宿命论和无助论，即货币“地震和龙卷风”是无法阻止的，我们能做的就是把我们的房子整理好，以便抵御它们。

货币幻觉导致人们很难理解货币对他们造成的伤害，因此，他们在自我保护方面的行动也很迟缓。如果能消除这种错觉，我们就能采取明智和可行的政策来管理我们的商务。很多人因忽视通货膨胀和通货紧缩而在商业上失败，另外一些人则看到了他们的机会，并赋予莎士比亚那句著名的话以新的含义:“人生世事如浪有起有伏，趁涨潮而上，便能致富。”[1]

美元换算

最明显的措施之一是观察美元购买力的报价，并利用这些数据将商业账目转换为统一的标准。为此，除了采取其他方法外，我每周还计算这样的指数，并在周一的报纸上发表。

这种新的、更准确的会计核算，不会干扰常规会计工作：会计人员还是按以前方法记账。新会计只是为企业主管和经理提供补充统计数据。他们对此很感兴趣，而且，当美元大幅变动时，这种新会计可能会成为“救命稻草”。当美元价值发生变化时，新会计通常会对原分录中的存货和固定资产数据进行重大修改。它可能会大大改变过去发生的成本数字，也可能会大大地改变利润的数字，无论是估计的还是实际的利润。

预测商业

这些指数的另外一个用途是，我们可以结合其他证据，预测

1　原文出自戏剧《尤利乌斯·恺撒》："There is a tide in the affairs of men which, taken at the flood, leads on to fortune." 这句话中“fortune”一词双关，即好运和发财。

商业状况。从商人的角度看，价格水平的任何明显或长期下跌，通常预示着萧条；而价格水平的任何明显或长期上涨，通常预示着条件的改善。当然，许多与不稳定货币无关的事实和数字，同样可用于预测。

另一种防范不稳定资金的方法，是获得有关商业状况可能波动的专业建议和警告。从咨询机构布鲁克米尔（Brookmire）和巴布森（Babson）建立开始，在过去的20年里，美国成立越来越多的咨询机构，客户越来越多；只有在咨询机构的预测出现严重错误时才出现客户流失现象。这些咨询机构向商人提供统计服务，在某些情况下，还提供预测服务，以使他们能够防范通货膨胀和通货紧缩的恶果。

这些商业服务现在除了美国商务部的公告外，还包括标准统计公司（Standard Statistics Company）、哈佛经济研究委员会、亚历山大·汉密尔顿研究所、卡斯滕·福卡斯托格拉夫（Karsten Forekastografs）、穆迪和其他杂志服务机构、商业机构和银行的统计部门，以及大约80家其他机构。在英国，类似的机构，比如伦敦政治经济学院，也开展了类似的服务。

长期以来，美国商务部部长赫伯特·胡佛（Herbert Hoover）一直倡导此类统计帮助。正如我们将要看到的那样，它们构成了美联储用来稳定商业工具系统的一部分。联邦储备委员会和银行收集并发布这些信息。

事实上，在这些现代商业信息服务出现之前的100多年前，传统贸易杂志就已开始并一直提供类似服务，二者的差别并不大，但现代商业信息服务通常比贸易期刊更注重预测和衡量整体平均波动，即所谓的“商业周期”。

预测美元的价值

有时候，我们可以清楚地预见到货币的购买力会发生什么变化，然后就有了难得的“赚钱”机会。预见到货币即将发生什么变化，我们就可以更深入地观察未来，并预测这种变化的影响。

任何一个熟悉哪怕仅了解一点点经济学和战后德国形势的人，都有发财良机。很多人确实因此发了财，包括前文提到过的胡戈·施廷内斯。一些经济学家利用了这样的机会，用借来的钱炒房地产、股票和外汇。只要通货膨胀仍在继续，这种投机就相对安全。在这种情况下，明智的做法是不买以马克结算的债券，也不将钱存入银行。我们已经看到那些缺乏这种智慧的人的处境是多么糟糕，而大多数人就是这类人。

当然，同样的原则在美国也适用。在1917—1920年的通货膨胀中，美国的一些商人和经济学家遵循用借来的钱进行投机的策略，因为他们知道通货膨胀是不可避免的，而且清楚知道如何充分利用通货膨胀。

目前货币相对稳定，这样的机会越来越少；但是，为了避免损失或者为了从投资机会中获利，警惕未来通货膨胀或通货紧缩的迹象仍然是明智之举。

投 资 顾 问

当我们无法判断价格水平的涨跌趋势时（大多数时候都是如此），我们必须保证投资具有一定程度的安全性，而以普通股为主并辅以优先股和债券的多元化投资能做到这一点。这种投资通常比单纯投资债券更安全，因为债券持有人实际上是在美元的未来价值上投机。如果美元贬值，债券持有人就损失惨重，而以普通股为主的多元化投资相对安全。由于多元化投资需要谨慎而持续地调整，而希望应对不稳定美元的普通投资者又不具备这样的能力，因此，这种对多元化投资的需求，促进了一种新职业的发展，那就是“投资顾问”。据我们所知，有家公司管理的投资总额约2亿美元。

相对于旧的投资理念（即投资于债券）来说，这种投资于普通股的新趋势似乎是革命性的。斯卡德、史蒂文斯和克拉克（Scudder, Stevens and Clark）在《投资安全要素》（*Elements of Investment Safety*）中指出：

> 1906年，纽约立法机构所属的阿姆斯特朗调查委员会（Armstrong investigation Committee）在提到人寿保险公司时写道：“应该禁止（他们）投资股票……很久以前，普鲁士政府拒绝管辖任何投资于股票的保险公司。”

这本书继续说道：

根据委员会的建议，立法机关通过了一项政策。十几年后，当德国成功地走出了灾难性的战争影响之后，这个政策却扼杀了德国人寿保险业务。

除了投资顾问，为投资者提供投资多元化建议的“投资信托公司”也在迅速增加。许多信托公司自己进行多元化投资，并向投资者提供一份证书，保证投资者有权获得多元化投资的股份。

约 定 退 出

在本国货币极度不稳定邻国货币相对稳定之时，人们可以约定退出（contract out）急剧波动的货币，换成更好的货币（即购买外币）或在国内合同中约定以外币支付。在极端情况下，投资者卖掉自己国家的证券并将收益投资到国外。例如，近期法国投资者“逃离法郎”，几年前德国投资者“逃离马克”。

以瑞士法郎或美元等外币形式签订的合同，实际上没有向国外输送资本。一些德国人寿保险公司为了对保单持有人负责，将合同义务转换成美元。

在美国绿背纸币时期，美国也使用了“约定退出”做法，当时的合同约定使用黄金，特别是，许多美国债券都是以法定重量和纯度的黄金美元支付的。

价格在1865年到1896年间的长期下跌，迫使政治家开始讨论这个问题。1896年，这种限制性条款又重出江湖，布莱恩（Bryan）提出使用白银通胀来解决黄金紧缩问题。在这之后签订的合同，都考虑到了若布赖恩当选美元可能会贬值的情形。

时至今日[1]，价值几百万美元的债券仍保留着这个“黄金条款”，但却没有说明当初为何使用这个条款，也没有意识到黄金价值的变化几乎与白银价值的变化一样多，而白银的价值变化正是当初他们所担心的。

正如纸币的受害者有时使用“约定退出”措施来获得更稳定的金本位的好处，我们有时会发现人们在合同中约定使用比黄金更好的商品。在英国，什一税通常用“实物”征收。在苏格兰，农场按谷物出租，但租金实际上是以相当于谷物租金的货币支付的。这个系统被称为“苏格兰谷物集市价格”（Scotch Fiars' prices），它一直持续到几年前。

英国著名经济学家斯坦利·杰文斯（Stanley Jevons）赞扬了一些牛津学院创建者的智慧——他们规定校园土地租金不用钱支付，而用玉米支付。

巴伦（C. W. Barron）先生给我举了个有趣的美国例子：“1817年9月8日，波士顿的戴维·西尔斯将位于斯科利广场（Scollay Square）和法院街（Court Street）东北角的土地和建筑物，租给同城的尤赖亚·卡廷，租期1 000年，租金按年支付，每年的租金为10吨上等古俄罗斯军刀铁，当年的租金在该年度的12月1日支

1　1927年。

付。”与此同时，双方还对另外11块地产签订了类似的租约。在后面这些合同中，租金实际上是以货币支付的，但其价值相当于规定数量的军刀铁。

世界大战后，在中欧国家，租赁合同以及各种延期支付合同的惯例做法是约定用商品（通常是小麦或黑麦）支付。奥地利、罗马尼亚和其他国家，也出现了这种做法。据报道，在匈牙利，存款人将匈牙利克朗存入银行，银行承诺偿还本金和支付利息时，以黑麦的价值衡量。

这种做法是谨慎的，如果它能得到更广泛的采用，那就更好了。这种做法不仅保护了个人利益，同时还传播了有关稳定原则的知识。

表定标准

从使用单一商品标准的此类合约，到使用多种商品标准的合约，只有一步之遥。在这种情况下，货币支付根据指数进行调整。这个指数，按照先前的名称，称为“表定标准”（tabular standard）。威拉德·费舍尔（Willard C. Fisher）教授提供了一个有趣的例子，这也许是该领域第一个例子，它部分使用表定标准来纠正纸币的不稳定性。1747年，马萨诸塞湾殖民地颁布了一项法律，规定使用表定标准来对公共信用证券进行评级。1780年，马萨诸塞州通过了一项法律，要求按表定标准支付某些票据——本金和利息都要这样支付。法律指出：

> 在马萨诸塞州，使用货币现价支付本金和利息时，每130镑货币应能按现价大致购买5蒲式耳的玉米、$68\frac{4}{7}$磅的牛肉、10磅绵羊毛和16磅鞋底革。

马萨诸塞州的这一法条，启示了洛（Joseph Lowe）于1822年以及斯克罗普（George P. Scrope）在1833年提出的表定系统思想。洛提出需要建立“参照表”。此表由主要消费品组成，同时考虑公众消费的相对数量。1838年，波特（G. R. Porter）在《国家的进步》（*Progress of the Nation*）一书中也提出了同样的方案（但没有提到洛和斯克罗普）。波特构建了一个表格，画出了50种商品在1833年到1837年间每个月份的平均波动情况。

1865年，杰文斯呼吁人们注意，从1789年到1865年，黄金的价值并不稳定。在他的《货币与交换机制》（*Money and the Mechanism of Exchange*，1873）一书中，他主张用表定价值标准来取代剧烈波动的金本位。

需要指出，洛、斯克罗普和杰文斯希望寻求的补救办法，校正的不是纸币的波动而是黄金的波动。在本质上，他们想到了一种更稳定的货币标准方法，而这正是今天讨论的问题。

战时例子

世界大战极大地激发了人们对使用指数来衡量黄金价格变化和波动的兴趣，因此，在世界大战期间或之后，在很多情形下，人们使用了一种更为完善的表定标准。这种大量使用现代指数的做法，在历史上属于第一次。

特别是，劳动者认为生活成本指数对他们有帮助，并将其作为杠杆来提高通货膨胀期间的工资。美国数以百万计的工人，以及更多的欧洲工人，根据生活成本指数调整了他们的工资。当指数上升时，工资也随之上升。正如埃尔玛·卡尔（Elma B. Carr）在1924年所说：

> 生活成本已成为政府仲裁委员会做出每一项裁决时考虑的一个因素。州、市政府机构以及州仲裁委员会也考虑了这个因素。事实上，目前13个州和哥伦比亚特区的最低工资委员会，已将其作为确定工资时的控制因素。在过去10年里，所有自愿仲裁的产业案件在仲裁时都考虑了生活成本因素。大战期间，许多私营雇主采纳了使用生活成本方案，尽管一些已经被放弃，但其他的仍然有效。自大战以来，许多公司采用了明确的工资支付计划，所有这些计划都考虑到了生活成本的变化。
>
> 很难准确估计受生活成本调整而影响的员工人数。据粗略估计，联邦仲裁委员会的裁决直接涉及煤炭行业约74.7万

名员工、包装行业约10万名员工、航运行业50万名员工以及铁路行业200万名员工。此外，美国国家战争劳工委员会的奖金影响到各个行业共计711 500名雇员。

自1922年以来，陆军、海军、海军陆战队、海岸警卫队、海岸和大地测量局以及公共卫生服务部门的级别较低的军人或职员，其生活津贴和租金津贴根据美国劳工统计局提供的生活费用变化进行调整。这直接影响了大约16 000名男性职工。另外，在纽约市，仅以图书和印刷业为例，大约22 000名雇员的工资受生活费用调整的影响。在芝加哥同一行业，受影响的员工人数在9 000到10 000人之间。劳资关系委员会对电气建筑业的奖励，影响了大约15万名男性职工。研究表明，从事各种业务的私营雇主也广泛采用了生活成本调整做法。

从总体上看，工资调整方案直接影响了大量雇员，尽管准确数字难以估计，然而目前可以确定的雇员数为550万。需要注意，这仅是直接影响。受到间接影响的雇员数可能更多，因为同一行业的其他雇主往往自愿改变工资，以符合调整机构确定的或其他雇主允许的工资。因此，实际上所有劳动者都直接或间接地受到生活成本调整的影响。

即使在金本位国家，应用指数进行修正也具有重要意义。世界大战时期在历史上是个里程碑，人们第一次广泛认识到，在工资或其他合同中，黄金是一个糟糕的标准，这种合同需要用衡量黄金购买力变化的指数加以修正。

和平时期的例子

在通货膨胀期间，这类工资调整做法非常盛行，很受工人欢迎。然而，一旦出现通货紧缩，它们就开始被抛弃，主要原因在于受货币幻觉影响，工人认为任何工资下调都会降低他们的购买力，因此极力反对。

然而，在通货紧缩期间，这种调整工资的方案仍然偶尔出现。由米滕（Mitten）管理的费城快速交通公司（Philadelphia Rapid Transit Company），最近推出了一种称为“市场篮子工资”的制度，这个制度基于专门构建的费城生活成本指数。

人们偶尔也会将“表定”原则用在其他地方。马萨诸塞州达克斯伯里市的弗雷德里克·纳普（Frederick B. Knapp）先生将房子出租时，租金根据指数进行调整，最初他使用美国劳工统计局的指数，后来使用我编制的指数。

几年前，兰德卡迪斯公司（Rand Kardex Company，后并入雷明顿兰德公司）也以同样的原则发行了“稳定债券”。我们在协议中发现了下面这段话：

> 本公司声明，公司试图向本债券的持有人提供比任何其他形式债券更稳定的收益，即本债券提供以实际购买力衡量

的收益。当商品价格指数上升（或下降）从而美元购买力下降（或上升）时，本债券收益相应向上调整（或向下调整）。

总　结

于是，我们可以看到，即使是个人，也可以为自己做点什么，来对抗不稳定的钱造成的损害。你可能会把你的账单转换成更稳定的标准，从而发现你到底赚了还是亏了。你可能会利用最近的货币行为，帮助你预测商业状况。你也可以利用商业服务达到同样的目的。在某些时候，你甚至可以预测美元的走势。你可能会避开不安全的债券，转而投资多元化的证券，尤其是普通股。你也可以咨询投资顾问。你可能会"飞离"不稳定的马克或法郎，投资于国外。你可能会找到其他的标准，包括表定或指数标准，从而"约定退出"现行标准。

上面指出的种种做法，在现实生活中都已发生。为了抵消不稳定货币的影响，人们可能已做了几百万次这类调整。可以肯定的是，除非下面两章讨论的措施得到充分完善从而使金本位制真正稳定，否则这些做法还将重复更多次。

第七章
银行怎么做？

引　言

在上一章，我们看到，指数可以显示价格水平和美元购买力的变化，因此，可以通过提供根据指数调整合同尤其是工资、租金和债券的调整合同方法，使个人免受通货膨胀和通货紧缩的影响。指数的使用，可以说是从外部给不稳定的美元打上补丁，修补不稳定的美元。它从来没有，也许永远也不会应用于大量的合同，这不仅是因为指数调整非常麻烦，还因为货币幻觉让人们觉得没有这种必要。

然而，与其用指数从外部修正美元以抵消其波动，不如用指数从内部修正美元以防止其波动。

稳定货币单位的购买力一直是经济学家的梦想。世界大战后，随着货币不稳定方面新教训的出现，这个梦想逐渐得到实现。

一些经济学家、银行家和政治家不再执迷于货币宿命论，而是开始认识到，几乎所有的通胀和通缩都是人为的。既然如此，我们为何不让货币人为地稳定呢？我们已经看到了“弹性货币”的需要。通过使用这种货币，银行的放款，在某种程度上应该与商业需要相适应。我们即将看到，通过更好地控制货币流通，我们可以完成商品流通和货币流通之间的对应关系。

自世界大战以来，人们对货币原理有了更为透彻和广泛的理解。人们认为，工人、商人、银行家和政治家最关心的问题应该是，在近期由大通胀和大通缩造成的痛苦从受害者的记忆中消失之前，采取一些预防措施。

由于指数的出现，迈向稳定货币的进展，比以往任何时候都要容易。指数用作货币单位剧烈波动的信号，至今也仅有几十年的历史。正如在测量仪器、重量仪或天平研制出来之前无法获得稳定的重量单位一样，正如在开发出合适的电子仪器之前无法获得稳定的电压单位一样，在一种叫作指数的工具被开发出来之前，我们无法获得稳定的美元单位。在指数作为衡量工具出现之前，即使稳定的货币购买力这个概念也过于模糊，无法成为改革的基础。

起初，人们没想到商品指数这样的概念，而是往货币方向想，想到了货币的重量和纯度不变，这是人们向稳定货币迈进的第一步。要求货币重量稳定，比使用不同金属制造的合金硬币有很大进步，因为后者的重量和纯度变化较大；要求货币重量稳定，也比贬值和升值的硬币有很大进步。然而，重量固定的货币唯一优点是，它的购买力通常不会像重量不明确的硬币或不能赎回的纸币那样变化无常；对于后面这种硬币或纸币，没有任何东西可以抑制它们的购买力下降。价值稳定性的部分改善，是固定重量硬币的唯一好处。也就是说，固定货币重量，除了改善币值稳定性之外，没有其他的好处。

我们已经看到，稳定美元的根本问题，是在货币流通和商品流通这两大流之间取得更好的对应。即使我们使用最具“弹性”的货币，这种对应关系也不会自发完善。然而，由于货币流控制在货币发行人手中，我们对此并非无能为力。在现代，货币的最大发行者是中央银行。人们自然期望中央银行能够发行“弹性货币”，使其能随着商品流的扩张而扩张，随着商品流的收缩而收缩。

在现代条件下，在庞大的信用结构下，旧的自动的金本位理论，已超出任何自愿控制的能力，[1]因此已经不再与现实有太多的联系。根据金本位理论，黄金的价值应该主要来源于艺术品的使用。任何信用货币，例如纸币或支票存款，都可以兑换成黄金，从而都被保证与黄金本身有相同价值。这些“次级”货币对黄金本身价值的任何反应，都可以忽略不计。

然而现在，这种反应才是主要因素。信用货币在货币量中所占的比例很大，已超出了可供兑换的黄金储备。在英国和美国，信用货币与黄金的比例约为7:1。也就是说，现在的形势已不是“大马拉小车”，而是“小马拉大车”（the tail now wags the dog）。因此当前，与其说纸质美元或信用美元的价值来自它可以兑换成

---

1 也就是说，已无法实现。

的黄金美元，不如说黄金美元的价值来自它可以兑换成的信用美元。而且，由于流通信用货币量是可控的，我们已经拥有了一种可以管理的货币。如果能做到科学管理，而不是胡乱管理，就可以达到稳定。

科学控制的开端

世界大战后，有几次国际会议讨论了稳定货币购买力的问题。其中，1922年在热那亚举行的经济会议开创了新时代。在这次会议上，30多个国家的代表一致通过了赞成这种稳定的决议，并指出将采用的一些方法，包括世界上各大央行在黄金储备的使用和贴现政策方面的合作行动。这些经济专家在热那亚会议上建议：

> 欧洲经济重建的必要条件，是每个国家都实现其货币价值的稳定。

然后，他们列举了应立即采取的具体步骤，并补充道：

> 这些步骤本身足以建立金本位制，但它们的成功维持要得到实质性的推动，其动力不仅来自中央银行即将展开的合作，而且来自在适当的时候将通过的国际公约。该公约的目的是集中和协调对黄金的需求，从而避免黄金购买力的大幅

> 度波动，而这种波动可能是由于没有公约的制约，一些国家同时和竞争性地确保金属储量造成的。公约应包含一些节约黄金使用的手段，将黄金作为保持外汇余额形式的储备，例如作为金汇兑本位制（gold exchange standard）或国际清算系统。

更具划时代意义的是，美国联邦储备系统于1922年开始朝着这个方向努力。美国联邦储备委员会和银行的官员们认识到，美国巨额黄金储备可能导致通货膨胀，应该采取一切可能的措施来防止通货膨胀。

如果他们不采取这样的行动，而是继续盲目追求利润，他们当初很可能将黄金储备放贷和再放贷，直到信贷结构翻倍。如此一来，在利润动机下，存款准备金率将不是目前的接近80%，而是将更接近法定比率——存款负债为35%，美联储票据为40%。信贷结构翻倍，可能导致物价水平翻倍，从而可能重现1917—1920年的通货膨胀率，并可能造成灾难性的结果。这种放任政策不会保护美元价值，而是会使它贬值，尽管它的重量是固定的。美联储的领导人本能地寻求避免重复如此短视的政策，不仅因为他们意识到上述可能前景，还因为他们仍记得战时和战后的灾难性通货膨胀，尤其是1920—1921年更为灾难性的通货紧缩。

以前的通货膨胀和通货紧缩，沉重打击了那些自满的银行家，他们原本以为只要货币可以兑换成固定重量的黄金，货币就一定是稳健的。银行家还意识到，也许是模糊地意识到：通货膨胀和通货紧缩在很大程度上是人类自由裁决的结果，至少是人类在和平时期自由裁决的结果；今后应该更明智地行使这种自由裁决权，以便更好地为公共利益服务。这样，世界就产生了一项新政策。我相信，这个政策注定会取代传统的政策——不再认为货币浪潮无法避免，不再无助地、无望地“随波逐流”，尽管几乎没有其他人注意到或意识到这一点。

稍微回顾一下美元发展历史可知，1922年美联储最终成立公开市场委员会，该委员会通过买卖证券尤其是政府债券来影响信贷形势，从而在一定程度上避免了美元的大幅度波动。公开市场委员会于1923年改组，改组理由为：“主要考虑商业和产业的通融，以及这种证券买卖对一般信贷状况的影响”。因此，美联储系统默认了其控制或影响信贷的责任，当美联储发现自己拥有对信贷的巨大控制权时，它似乎感到惊讶，甚至有点害怕。正确地使用这种权力，使美国联邦储备系统成为世界上最大的公共服务机构。

12家联邦储备银行持有巨额黄金储备和证券，它们在与数千家成员银行的交易时，即在公开市场上买进（或卖出）大量证券时，可以增加（或减少）成员银行的可贷资金。当联邦储备银行购买证券时，货币进入流通领域。（当然，如果这些新流出的货币被各成员银行用来清偿对美联储银行的债务，它们往往会再次流出流通领域。然而，美联储通过降低贴现率，使成员银行更易于获得联邦储备银行的贷款，可以部分防止这种情况的发生。）当联邦储备银行出售证券时，它们就从流通领域中取出货币。（当然，这些流入联邦储备银行的货币，往往会通过联邦储备银行向成员银行提供的贷款再次流入流通领域。然而，美联储通过提高贴现率，使此类贷款更难获得，或许可以部分阻止这种情况的发生。）

由于上面提到的反应（放款或还款的影响），联邦储备政策与上面括号内的另一政策即调控贴现率政策密切相关。数千家成员银行向联邦储备银行借款越容易，它们向客户放款越自由。而且，联邦储备银行可以根据具体形势，降低（或提高）它们对成员银行的贴现率——或称为“再贴现”率，使得成员银行更容易（或更难）获得联邦储备银行的放款。因此，联邦储备银行可以使我们所有人都能更轻松（或更困难）地获得资金，从而防止通货紧缩（或通货膨胀）。

买卖证券和调控贴现率或利率这两种方法结合在一起，使美联储系统对放款、价格和经济繁荣有着强大的控制力。美联储可用的其他方法（参见附录）。

一些美国人对欧洲的“有管理的货币”（managed currencies）持敌对态度。他们没有意识到，当前我们的货币在很大程度上也是一种“有管理的货币”。关键的问题不是我们是否应该采用“有管理的货币”，而是应该如何管理。联邦储备系统确实在也应该在一定程度上保护国家不受严重的通货膨胀和通货紧缩的影响。

信贷控制对美国的重要性

美国的繁荣是美国人的骄傲，也受到外国人的嫉妒。对美国繁荣原因的解释，几乎和观众一样多。美国的天才和创造力、资本主义、劳动效率、马力、工业“机械化”、民主和禁酒令，所有这些都被认为是美国繁荣的因素。这种繁荣一直持续到人们感受到近两年物价水平下降产生的累积效应。

然而，我认为人们可能忽视了最重要的原因，那就是1921年以来美元的稳定（至少是基本稳定）。请注意，在美国自1849年以来经历的十个时期中（参见第三章），第十个时期（1922—1928年）的繁荣在历史上是前所未有的，在货币稳定方面也是前所未有的。我相信二者不是巧合。事实上，其他一些因素，如劳动效率和满足感、科学管理、储蓄和工业机械化，受益于产业组织的更精细调整和更顺畅运行，而产业组织的运行顺畅又受益于美元的稳定。

由于货币幻觉的存在，人们通常忽略了货币稳定这个因素。正如人们很难意识到通货膨胀和通货紧缩对繁荣的危害一样，人们很难看到和认识到，不存在通货膨胀或通货紧缩，本身就能带来繁荣。事实上，认识到后者甚至更为困难，因为如果没有通货膨胀和通货紧缩，人们对它们的关注程度比它们存在时还要少。

然而，也有人看清了货币稳定的价值，从而正确认识到了美国货币政策的价值，其中最著名的人物也许是英国前财政大臣、现任世界最大的银行董事长（主席）雷金纳德·麦肯纳（Reginald McKenna）阁下。在米特兰银行1927年1—2月的简报中，他说道，英格兰银行已健康运行80年，原因在于原本用来管理信贷状况的《1844年银行法案》在经济危机情形下总是被中止，这样一来，信贷也许能更好地适应危机情形下企业的需求。如果机械地执行《1844年银行法案》，那么黄金储备的规模就会限制信贷。

麦肯纳先生提议对英国信贷和货币体系的“理论基础和实际技术”进行探究。他提醒读者注意，自世界大战以来，阿尔巴尼亚、奥地利、智利、哥伦比亚、捷克斯洛伐克、但泽、厄瓜多尔、埃斯托尼亚、德国、匈牙利、印度、拉脱维亚、立陶宛、秘鲁、波兰、俄罗斯和南非等国实施了中央银行改革。在所有这些国家中，除了印度，没有一家中央银行照搬英国的银行法；而且除了印度之外，所有国家都采用了某种“类似于美国联邦储备法”的制度——它提供了一种“弹性货币”。我们已经看到，如果处理得当，资金流将与商品流匹配。虽然麦肯纳称赞了英格兰银行行长们在旧法律下的运作技巧，但他认为美联储系统弹性更大是美国经济更繁荣的主要原因。

国际合作

然而，在可行的范围内，英格兰银行已经在做与美联储体系大致相同的事情，特别是，证券买卖在银行政策中扮演着越来越重要的角色。正如麦肯纳先生所说：

在过去，英格兰银行的主要手段是用利率决定信贷活动。公开市场政策，即买卖证券、放贷或收回贷款，只是辅助手段。然而现在，在某种程度上，利率手段已被公开市场政策所取代。

当前，欧洲和美国中央银行多次举行非正式会议，讨论这些政策以及它们共同关心的其他问题。据报道，1926年6月，一群美国银行家、美联储和财政部官员与法国、德国的金融首脑在纽约和华盛顿举行了会议，他们希望整个欧洲恢复金本位和稳定价格水平。

1927年7月，会议再次在美国举行。据报道，纽约联邦储备银行行长斯特朗（Benjamin Strong）是会议召集人，会议讨论了“黄金的购买力，以及促进更紧密合作的各种建议”。

在会议上，英格兰银行行长蒙塔古·诺曼（Montagu Norman）与斯特朗一样，赞成以下观点：各国央行应尽其所能防止黄金变得太便宜或太贵。

会议的第三位成员是法国银行副行长查尔斯·里斯特（Charles Rist）。里斯特主张黄金与商品的关系尽可能稳定。

第四位成员是德意志帝国银行行长亚尔马·沙赫特（Hjarmar Schacht）博士。沙赫特博士是《马克的稳定》一书的作者。另外，他还在《伦敦经济学家》上发表文章介绍已故南非教授莱费尔特（R. A. Lehfeldt）近期的一篇论文，该论文主张控制金矿以稳定黄金的购买力。

考虑到这四个人的身份，也许没有谁比他们更适合讨论在当前条件下如何保持黄金购买力稳定的问题。如果能够实现这种稳定，那么剧烈的价格波动将被消除，这对几乎所有人都有不可估量的好处。

这意味着我们今后可以期待购买力稳定，因为避免通货膨胀和通货紧缩，是世界各大中央银行的一个有意识的目标，其形式与热那亚经济会议的建议非常相似。

美联储和其他中央银行的稳定工作，可以通过两种方式来完善和巩固。一种是靠传统，这是因为银行发展了自身的技术并扩大彼此的合作。正是主要通过传统的力量，英格兰银行逐渐从一个私人机构变成了一个公共机构。另一种是热那亚经济会议建议的条约协定或称“公约”，以及有关国家的立法。目前，美国国会正在审议“斯特朗法案”，法案的目的在于明确批准和要求采取有意识的稳定货币政策，与此同时，美联储在实施这项政策时有一定的自由。

美联储系统的国际影响

即使欧洲内部之间缺乏积极合作，仅美联储系统也会对全球物价水平产生强大的反射影响。只要其他国家维持金本位制，美联储体系对稳定黄金美元的任何影响，都会对其他国家货币的稳定产生重大影响，因为所有金本位国家的价格变动必然相似。

来自瑞典斯德哥尔摩的贝蒂·俄林（Bertil Ohlin）教授指出了这一点——他甚至有些夸大事实。他说，根据1927年6月18日瑞典商业银行指数判断，黄金的流动已经失去了对价格水平的所有影响。

授信问题是由美联储委员会根据经济形势决定的。

这意味着货币体系发生了一场革命，它不仅发生在美国，而且发生在所有实行金本位制的国家。世界价格水平控制权完全掌握在美联储委员会手中。

如果美联储委员会认为应该推行宽松的信贷政策，这种政策将导致美国物价水平上升，其后果是一部分多余的黄金将流向其他国家。这导致这些国家信贷扩张，价格水平逐步提高。

另一方面，如果美国认为应该降低价格，那么其他国家就不得不效仿。否则，这些国家的价格水平最终会过高，国际收支平衡将变得“不利”，其黄金将开始流入美国联邦储备银行的金库。根据欧洲央行的国际结算，这些国家不会允许这种情形发生，而是被迫实施限制性信贷政策，从而迅速降低欧洲的物价水平。

因此，其他国家的价格水平被迫与美国大致相同。如果美联储委员会决定提高黄金的价值，即实施通货紧缩政策，那么美国的黄金储备就会增加；反过来，如果美联储减少超额的黄金储备，那么通过与世界其他国家的联系，美国的黄金价值就会降低。

美联储已对黄金“定价”，这与巴西的咖啡定价机制类似。当美联储释放一部分盈余黄金储备时，全球黄金价值下降，即世界价格水平上升。当美联储增加黄金储备时，黄金的稀缺性增加，世界价格水平下降。

俄林教授的这一说法基本正确，但夸大了美联储系统的影响力。美联储的影响力远谈不上完全控制，也永远不可能完全控制。其他国家对美国的影响也很大。例如，在过去的两三年里，英国的通货紧缩可能对美国的物价产生了很大的影响。对信贷的任何影响，都会在全世界产生连锁反应。

然而，如果得以充分的发展和协调，美联储和其他中央银行的这种影响，可能会发展为有效的信贷控制。当这种有效的信贷控制，通过黄金控制在全球范围内得到充分加强时，我们对物价水平和货币购买力的控制已接近有效（下一章将讨论这一点）。甘末尔（E. W. Kemmerer）教授说过：

幸运的是，在过去的6年里，受益于美国在世界信贷市场上的主导地位、美国大量积累的黄金、美国对联邦储备系统的有效管理以及与其他重要国家中央银行的合作，世界各地的金币的单位价值一直保持适度稳定；然而不幸的是，几乎没有理由希望所有这些有利条件将无限期地持续下去。首先，可以肯定的是，美国将来不能也不应该像它近年来那样，为全世界的利益而持续持有如此大比例的黄金储备；这种做法涉及的费用和责任，对一个国家来说太大了。其次，未来世界黄金产量本身就是一个很大的不确定性。黄金产量的增长速度，比世界需求快一些还是慢一些？这是一个非常值得讨论的问题，但其答案在很大程度上取决于黄金的未来价值、现行的金本位制是否继续下去以及几十亿人的福利。

过去几年，我们在更好地理解货币不稳定问题方面取得了很大进展，但货币稳定这一重大问题仍有待解决。在我看来，这可以解决，而且会得到解决。

第八章
政府怎么做?

回归金本位

我们看到，信用控制甚至国际信用控制都已经在发展。至少在具体细节上，这种控制必须由中央银行而不是政府行使。这是一般规则。

但为了至少拥有可靠的货币本位，政府可以而且应该做得更多。首先，我们注意到，最严重的通货膨胀例子来自政府预算失衡。正如我们看到的，当政府不能实现收支平衡时，它会制造更多的货币来支付账单。这种纸币发行问题往往是通货膨胀的主要根源。在这种情况下，走向货币稳定的第一步，显然必须由政府迈出，而且必须实现预算平衡。这是世界大战之后欧洲面临的现实。没有平衡的预算，就不可能有稳定的货币。有了平衡的预算，才有可能回归金本位。

自世界大战以来，欧洲主要国家一个接一个地实现了预算平衡，重新选择了金本位制或“金汇兑本位制”——这两种制度基本相同。（在金本位制下，所有其他货币都可以兑换成黄金；在金汇兑本位制下，所有其他货币都可以兑换汇票，使持票人有权在另一个国家获得黄金。）一些国家，尤其是法国，还没有回归金本位制或金汇兑本位制。实现国际稳定的唯一可行之路，是普遍回归金本位制或与之相当的金汇兑本位制。

回归金本位的三种方法

有三种主要回归方式：德国废除了因通货膨胀而几乎贬值至零的纸质马克，并重新开始使用黄金马克；英国通过通货紧缩将纸质英镑的价值提高到黄金英镑的价值；意大利则降低黄金里拉的重量，使其与现有的纸质里拉相当。这三种方法可以分别称为废除、恢复和贬值。第一种方法——废除，对债权人不公平；第二种方法——恢复，对债务人不公平；第三种方法——贬值，不公平程度最小，因为里拉的价值是根据政策实施时的购买力制定的。

当然，第一种方法（废除）打击了民族自豪感。这似乎是对破产或不诚实的认可。因此，如果有可能，不要使用这种方法。剩下的选择在于使用第二种方法（恢复）还是第三种方法（贬值）。从民族自豪感角度看，人们倾向于选择恢复法，因为它以伪装的形式回归到原来的货币单位，而贬值法看起来是一种部分废除的做法。因此，表面上，恢复法似乎是“回归正常”，而贬值法则是一种不正常情况的延续。1英镑从大约3.70美元（这是按美元计算的最低值），上调至4.8667美元（黄金平价），这让英国商界人士非常自豪。意大利放弃了将1里拉价值提高到19.3美分的尝试，并将其固定在19里拉兑1美元（即1里拉兑5.26美分）的水平。

战前的"常态"

然而，按商品购买力计算，这两个国家的货币价值，都没有回归到战前的实际水平。从商品购买力角度看，1美元只相当于1913年的2/3美元，因此，1英镑也只相当于1913年的2/3英镑。按照英国人的逻辑，战前的价值是他们瞄准的常态（normal）。如果要达到这个常态，英镑的价值应该再提高50%。

当然，不论是否按照商品购买力计算，我们都不能将1913年视为常态，因为它并不比（例如）1813年或1713年更正常。常态，如果存在的话，也必定一直变化，从而需要时时更新。

在形式上，"常态"一词唯一的辩护意义在于，政府有义务真诚地按票价原来面值的购买力兑现票据[1]，而且政府有保证合同或默示合同履行的通常义务。当然，如果政府不按照纸币上的条件兑现纸币，它就失职了。然而，如果像意大利或法国那样，政府已经连续十多年违反纸币上的约定并被迫放弃其义务，情况就大不

1　即兑换成金币或金块。

相同。理论上，根据纸币上的约定，对于持有1法郎纸币或1里拉纸币的人来说，法国或意大利政府欠他价值19.3美分的金币，而不是价值4或5美分的金币。法郎或里拉纸币价值从原来的19.3美分降到4或5美分，谁遭受了损失？并不是今天才持有纸币的人（即持票人），而是成千上万的非今日持票人——他们长期持票，持票时间从几天到几个星期不等。这些损失已不可能得到赔偿。有人认为政府后来突然将赔款一次性交给今天的持票人，就可以弥补它对很多其他持票人造成的一系列长期的小损害。这完全是胡说八道。如果政府真这么做了，就今天的持票人而言，他得到的价值是他预期的4—5倍，也是他昨天从上一个持票人中获得该纸币所付出代价的4—5倍。

如果抢劫甲的财物送给乙，不公平，那么一次又一次抢劫成千上万个甲，然后把抢劫所得财物送给乙，这也不公平。因此，认为恢复法（回忆一下，这是回归金本位的第二种方法）的依据在于诚信（good faith），即使从技术上讲，也站不住脚。问题当然在于诚信，但这个诚信不是形式上的，而是实质上的。在实质诚信问题上，纸币代表的政府承诺，与大量基于公众对纸币本身信心的合同相比，简直微不足道。因此，采用恢复法来回归金本位制的政府，实际上并没有对公众做到诚信。

在回归金本位的道路上，意大利一开始使用的是恢复法，试图将1里拉的价值从大约4美分提高到19.3美分，但是当这种通货紧缩迫使1里拉兑换5.5美分时，开始出现贸易萧条和失业，因此墨索里尼明智地放弃了这个项目。如果墨索里尼坚持使用恢复法，意大利几乎所有企业都将陷入破产和毁灭。

我们在前面说过，法国还没有回归金本位。对法国来说，明智的做法是应该放弃恢复法，转而使用贬值法，即降低金币重量，使其与当前法郎的购买力相等或大致相等。

什么是正常水平?

然而，贬值到什么样的价格水平才是理想的？一般来说，它应该非常接近当前的购买力水平，这是因为大多数合同最近才签订，而且不是长期合同。还有一个原因是，即使在长期合同中，很大一部分合同是直到最近才转到现在的持有人手中。铁路债券最初可能是50年前发行的，但现在的持有人可能只是在昨天买到的，而且是以与最初很不相同的条款买到的。今天货币的任何变化都只会影响到现在的持有者，而不会影响到那些在他之前持有该债券的人。就像我们无法找到纸币的早期持有者一样，我们也无法找到这些债券的早期持有者。在现在的持有者中，仅有少数从一开始一直持有到现在，我们无权选择帮助少数人但伤害多数人的标准。

理论上，我们可以求债券和其他合同的当前持有人在获得这些债券或合同时的成本的平均值，从而得到更准确的结果，但这个结果与现有水平相差不大。

事实是，一旦我们允许通货膨胀或通货紧缩发生，就几乎不可能治愈由此产生的恶果。即使是“农业救济”法案，似乎也没有纠正其中一些恶果。然而，尽管治愈是困难的，但只要我们理解通货膨胀或通货紧缩并知道如何使用它们，我们总可以进行预防。

国际问题

显然，无论采用何种方法回归金本位制，只能通过政府的行动来实现。下一个问题是：回归以后，政府是否就无事可做了？

在整个文明世界重新回到金本位之后，稳定问题就将彻底成为一个国际问题。黄金的自由流动，有助于平衡各国间的价格水平。每个国家都将意识到，或应该意识到，通过采用金本位制，它实际上已经把它的命运，置于其他国家的银行和政府政策手中。在美国，美元将购买些什么？这取决于很多因素，其中一个重要因素是欧洲国家是维持和平还是发动战争。法郎、马克、里拉或英镑，将在欧洲购买什么？这取决于美国联邦储备系统的行动。几乎没有什么问题比货币稳定问题更具国际性，因为任何国家政府或任何大的中央银行影响货币的行为，都会影响到其他拥有相同（黄金）本位的国家的货币。

金本位制只是把所有金本位国家的货币储备连接在一起，这样黄金就可以自由地来回流动，追求自身价值。英国、美国和所有其他国家的物价水平将一起上升或一起下降；美元、英镑和所有其他货币单位的购买力将一起下降或一起上升。货币的这种跨国之间的联系，是共同金本位制带来的最大效应。

未来的黄金问题

然而，金本位本身对防止大的通货膨胀或通货紧缩几乎没有什么作用。事实上，正如上一章所讲的，它可能损害信贷控制所提供的保障。也就是说，金本位有助于在地理上分散信贷控制的影响，但有可能阻碍信贷控制力量的稳定。除非政府与央行合作，否则信贷控制和金本位制可能会出现相互破坏的作用。

例如，如果10年后黄金变得非常稀缺，使我们的黄金储备降至法定比率，那么法律将自动禁止信贷进一步扩张，即使企业需要这种扩张。如此一来，货物流将超过货币流，价格水平将下降，贸易萧条、失业和所有其他不可避免的来自严重通货紧缩的恶果，都将出现。

这非常危险，也是乔治·罗伯茨（George E. Roberts）等银行专家特别关注的问题。本书的主要目的之一是帮助银行家、商人和经济学家提前思考如何最好地防止通货紧缩或通货膨胀带来的灾难，像在通货膨胀情形下，黄金流可能会压倒任何信贷控制。

按常理来说，通货紧缩或通货膨胀最终肯定会发生，其后果在经济上是灾难性的，我们很难提前很长一段时间预测它们的灾难性后果。

事实是，正如读者推断的那样，我们在过去几年中所享受的这种稳定，是特殊机会带来的结果。这个机会是由黄金储备创造的，黄金储备量不太大也不太小，以至于被忽视。黄金储备为信贷控制提供了比较宽松的空间。因此，我们有了一个有管理的货币，它在很大范围内不受限制。在这种机会下，我们的黄金储备比法律规定的要大，但又没大到无法管理。这种机会以前从未存在过，也不太可能持续很久，或再次出现。如果想让这样的机会持续永久，我们必须确保金本位制具有足够的弹性，以便通过信贷控制稳定物价水平。总之，黄金管制的实质是防止黄金妨碍信贷管制。

忽视带来的危险

危险在于，我们没有根据需要做好控制黄金的计划，反而相信运气。这种危险之所以巨大，有三个原因：1. 货币幻觉的存在，使大多数人无法意识到通货紧缩或通货膨胀问题的存在，也意识不到它们的防范问题；2. 认为金本位制应该保持自动，不应该受任何政府行为的影响；3. 盲目相信“老式金本位制”的好处，而不加任何新的改进措施。

解决问题时面对的第一个障碍——货币幻觉，当然是本书的主题。

“自动”金本位

对于第二种观点，即政府应使金本位制“自动化”并且不提供任何立法支持，即使这意味着（当然是）不稳定的货币。但对此，我们的回应是，保持衡量的单位稳定是政府最明显的职能。

美国政府有标准局，它规定了长度、重量、体积、电量以及商业中使用的所有其他单位，但它没规定价值单位，而这是最重要和最普遍使用的单位。美国联邦宪法授权国会“铸造货币，并对其价值和外国货币的价值进行监管，并确定重量和衡量标准”。

有一种流行的说法是，价格水平和金本位应该由供求关系“自然”地发挥作用，而不应该“武断”地干涉。然而事实上，每一种测量单位都是“武断的”，没有“自然的”尺度。金元重量定在23.22格令，这已经是“武断的”做法。事实上，固定金元的重量，显然不自然，因为这会干扰供求对黄金价格的影响。这个以“自然”为借口的价格，当然应该像白银价格一样自由波动，而不是与20.67美元每盎司这一固定数字挂钩。

其次，认为今天的金本位制是“自动的”或可以是“自动的”，这种观点是错误的。正如我们看到的，现在黄金受银行政策的影响，远大于牙科、镀金相框或制作黄金手表、戒指和珠宝的影响。

与黄金在金融中的重要性相比，黄金在非金融用途上的重要性是微不足道的。正如雷金纳德·麦肯纳所说，现在世界上有的是由信贷控制所确定的“美元本位”，而不是由金块本身确定的金本位。如果英国人在采用他们认为是“自动的”金本位制时充分认识到这一点，他们还会为此感到自豪吗？这值得怀疑。因为他们的做法实际上是用美国管理的标准来代替英国管理的标准。英国人不愿意相信英国政府管理纸币能保持币值稳定，但他们现在却相信美国联邦储备系统能够管理信贷，从而使其纸币和世界上所有其他货币保持稳定。我们已经认识到，即使不控制价格水平，我们至少也要影响它。我们不再有自动的金本位，对此，我们应该庆幸！

只有通过谨慎行事，并施加适当保障，我们才能真正期待美元有一天能够完全稳定下来。因此，当公众了解问题的本质时，政府应该像保护长度或重量的标准一样，尽其所能保护美元的标准。

黄金传统

现在考虑第三个障碍，即盲目相信“老式金本位”的好处。我们看看历史告诉我们什么。现代关于黄金有好处的传统观点，是拿破仑战争的产物，这个传统主要来源于金块委员会（Gold Bullion Commission）于1810年提交议会的那份著名报告。

这份报告，是人类历史上第一次真正深入地分析货币对价格变化和汇率变化的影响。正如人们所料，它表明大多数在委员会面前作证的人是如何被所谓的货币幻觉蒙蔽双眼的。这些证人认为，黄金以纸币衡量的价格较高，这是由黄金的稀缺造成的，因为拿破仑战争中需要大量的黄金来支付军队的费用，“尽管恐慌和信心的丧失也增加了黄金的价格（靠其引起的囤积黄金行为）”。

例如，时任英国央行（英格兰银行）副行长（后成为行长）皮尔斯（Pearse）先生作证说：“我看不出纸币发行量如何影响黄金的价格或货币交易，因此我个人认为黄金的价格或货币交易状况，决不能成为减少纸币发行数量的理由。”委员会询问英国央行行长惠特莫尔（Whitmore）是否持有同样的观点。他说：“我也有同样的看法，我认为我们正取得进展，此时没有必要涉及黄金价格或货币交易……我并不是为了我们的进展而谈论这个问题的，我认为黄金价格或货币交易与这个问题无关。”英国央行的另一位董事哈曼（Harman）先生的措辞有点绕，他说：“要想让我在实质上改变我的观点，你必须先让我认为货币交易会受到纸币的任何修改的影响。”然后，委员会证明“这种教条主义（例如认为纸币发行与黄金价格之间没有任何关系）是非常错误的”。

这段历史很有意思，它表明当时的主要银行家不是金本位制的坚定捍卫者，而是纸本位制的坚定捍卫者。

金块报告表达了那个时代对货币供应和价格问题最为谨慎的思考，今天我们仍可用它回击那些主张纸币发行应无限制和无管制的人。这是一份革命性的报告，它表明黄金价格高实际上是因为纸币价值低；与纸币相比，黄金是更好的标准。

固定重量癖好

黄金是比纸币更好的标准，这一点在今天被认为是理所当然的。今天的银行家和商人不再抵制这个结论，但他们中的一些人却抵制任何超越这个结论的主张。这些人似乎认为，金本位制是所有货币系统发展的最终目的。金块报告代表了拿破仑战争时期稳定货币思想的高潮。然而现在，在世界大战结束后，我们在货币稳定方面应该更进一步，具体地说，我们应该使用指数，这是金块报告出台时人们尚不具备的工具。通过指数，我们可以建立商品本位，这比随意的金本位制有了很大的进步，这个进步类似于金本位制对纸本位的进步。

在欧洲国家在世界大战中丧失了金本位制后，主要的想法很自然地应该是回到比纸本位制好得多的金本位制，而不是继续使用他们最熟悉的纸本位制。

另一方面，当黄金储备已达到法定限额，或者黄金大量过剩时，我们应该如何处理金本位，以防止它阻碍信贷的控制？

如果有一天，无论是在10年后还是50年后，超过法定黄金储备限额的所有额外资金都消失了，从而无法在黄金储备基础上扩张信贷，那么通货紧缩将再次到来，除非采取积极行动防止。另一方面，当黄金变得过剩时，我们必须防患于未然，否则就会发生通货膨胀。在这两种情形下，即使世界所有银行都尽了最大的努力，信贷控制还是会崩溃。难怪美联储领导人不愿承担任何保持美元稳定的责任。

那时说不定我们真得以复仇的心理重新回到自动金本位制中去，因为我们无权决定它会把我们带到哪里去。这是一种古老的碰运气标准，一种随机标准。

推迟解决方案

最终到来的恶果可以各种方式推迟。目前看来最可行的方法，是在热那亚经济会议上通过的决议：节约黄金，即减少对黄金的需求。

节约黄金的方式有四种：

1. 将黄金从流通领域回流到银行，尤其是中央银行。自世界大战以来，欧洲大陆、英国、印度和其他国家都是这么做的。美国的做法也取得了同样效果：黄金券停止流通，并且由美联储发行的纸币来代替它们。黄金券，100%由黄金支撑；而美联储发行的纸币只有40%由黄金支撑。像英国和印度，使用金条，并且停止铸币，有助于黄金退出流通领域。

2. 黄金储备集中在中央银行，例如美国。

3. 金汇兑本位制节约了黄金，因为为了保持货币与黄金平价而存放在国外的黄金储备，可能远小于为了维持直接金本位而必须在国内银行中存放的黄金储备。

4. 国际清算系统节约了黄金，因为此时没必要将大量黄金从债务国运往债权国。正如有了城市清算系统，就没有必要将大量黄金从债务银行运给债权银行一样。

这四种方法在欧洲得到了一定程度的应用。否则，各个国家可能已展开对黄金的“争夺”。因此，我们再次发现，热那亚经济会议所倡导的合理原则具有巨大的实际价值，它们是信贷管制的开端，也是黄金管制的开端。

最近恢复金本位制的欧洲和南美洲的大多数国家，特别是那些在“国际货币医生”甘末尔教授指导下恢复金本位制的国家，都采用了金汇兑本位制，并将它们的储备放在纽约。

另一方面，如果出现相反的危险，即在黄金过度充裕情形下出现的危险，则可以采取相反的补救办法，即用直接金本位制取代金汇兑本位制，从而将储备在纽约的外国黄金分散给相应国家，或将黄金从少数几个中央银行分散给很多商业银行，或者将黄金从商业银行分散给公众。每一次这类分散，都需要更多的黄金，其机制正好对应于黄金集中情形——在每一次集中时，需要更少的黄金。

这种资源，即集中或分散的黄金储备，如果得到适当利用，现在和将来都足以满足我们的目的。届时，额外的储备可能足够多，但又不至于多到无法为信贷控制提供便利的空间。

另一种方法，或者说是前文描述情形的一种特殊形式，就是在一个方向或另一个方向上改变存款准备金率，即使这最终会使存款准备金率过高，比如超过100%，或者最终导致存款准备金率过低，比如低于1%。当然，在后一种情况下，我们无法做到按人们的要求兑换所有以黄金为基础的货币。如果兑换不是立即兑换，而是需要提前三个月通知，那么很小的黄金储备量就足够了，而且可以想象的是，如果逐渐增加提前通知月数，兑换黄金的压力就会持续减少。尽管很多人热爱金本位制，但根据我们前面的分析可知，我们可以放弃它，无论是逐渐放弃还是突然放弃。

最近，一位著名经济学家告诉我，他曾与一些商界朋友进行过一次对话，他们表示，他们无法“看到”稳定。他说：“好吧！假设德国人开始合成黄金，或者成功从海水中提取黄金，而且还有利可图——事实上，这些方法他们都试验过了，但都失败了。然而，如果他们成功了，黄金将变得像黄土一样便宜，那么这时候你们会怎么做？”

他们回答说他们不知道。

“好吧！”这位经济学家接着说，“我来告诉你们，你们会怎么做。你们会看到一种紧急情况。首先，你们会立即让世界各国政府关闭他们的造币厂，禁止使用黄金，就像印度在1893年关闭白银造币厂一样。这就是稳定。也就是说，它可以防止通货膨胀。然后，当黄金变得过于稀缺时，你们会再次开放造币厂，但只是部分地开放，或者减少金币的重量，或者采取其他措施来防止通货紧缩。稳定的意思就是防止通货膨胀和通货紧缩。”

“你们为金本位制辩护的理由是，它保护我们不受纸币通胀的影响。一旦你们意识到它不能完全保证我们不受其他类型的通货膨胀和通货紧缩的影响，你们就会采取任何必要措施，包括完全放弃金本位制。”

黄金问题的可能解决方案

然而，如果我们保留金本位制，即使以弱化的形式保留，在黄金基础和信贷上层建筑得到控制之前，稳定永远不会是有保证的。

对黄金管制提出的最容易理解的计划，是由几位经济学家，尤其是已故南非教授莱费尔特提出的。这项计划比较简单，只提出了一项建议，即建议国际政府对金矿实施管制，比如说，通过国际联盟进行管制。由此涉及的政策是，当黄金太少，无法支撑世界商业所需的信贷结构时，哪怕亏损也要生产黄金；而当黄金过多时，应削减黄金产量。

可以肯定的是，一个具有国际联邦储备委员会属性的机构，能够比仅仅由利润动机驱动的金矿所有者和经营者，更准确地确定企业对黄金的实际需求。

包括我本人在内的几位经济学家，提出了另一个计划——我在《稳定美元》一书中提出。根据稳定美元计划，黄金自由生产，政府只需要时不时地改变美元的重量。这样，黄金将像它们今天的行为一样追求自己的价值，但美元的购买力保持不变。然而，黄金只能以黄金券的形式流通。一张100美元的黄金券，可以兑换成100美元的黄金，无论兑换时的法定重量是多少。美元的重量定期根据指数进行修改，以使美元的购买力始终不变。这种计划被称为“美元调整”计划——这类似于“时钟调整”。

这项计划已经以“戈尔兹伯勒议案”（Goldsborough Bill）的

形式提交国会。国会就这项议案举行了广泛的听证会。一个非常相似的计划，即北达科他州的廷尼斯（Tinnes）先生的计划，也以“伯特内斯议案”（Burtness Bill）形式提交国会。这个计划建议通过买卖政府债券对每一天的美元含金量进行调整（我认为每一天都调整的做法是错误的）。

对这些计划的进一步讨论，请参见附录。国会通过莱费尔特计划，还是“戈尔兹伯勒议案”中的调整美元计划，抑或是更容易接受的其他计划，并不重要，重要的是它要能实现我们的目标——稳定美元。

如果我们放弃黄金管制，唯一的选择似乎是完全放弃金本位制。这样，我们应该使用凯恩斯等人提出的“有管理的货币”来实现货币稳定，或者使用加州大学吉尔伯特·路易斯（Gilbert Lewis）教授提出的通过所有货币可兑换成商品来实现货币稳定。

总之，对于不可避免的黄金问题，我们有三种解决之道：1. 我们可以控制金矿，像经营中央银行一样经营它们，为公共服务而不是为私人牟利；2. 我们可以改变金元或其他货币单位的重量，以补偿每格令黄金价值的变化，从而使美元的价值稳定；3. 我们可以完全放弃金本位制——这一点可以通过兑换商品或者使用有管理的货币实现。

政府的责任

这三种方法中的任何一种，都需要政府采取行动才能奏效。有人认为政府可以建立长度、重量、体积、电力和我们在测量中使用的所有其他东西的标准和不变的单位，但政府没有能力建立标准的价值单位来取代如今只不过是重量单位的美元。美元的重量是在1837年固定的，然而，随着金矿开采量和银行系统的每一次变化，美元的价值都会“自动”变化。我们已经看到，结果是悲惨的。然而，一旦政治家深刻理解了价值衡量单位变化造成的悲惨后果，我们就可以满怀信心地期待他们迅速果断地采取行动，弥补这种缺陷。

谁应该为不稳定的美元承担责任？政府。除此之外，我们找不到其他责任人。政府不仅忽视了美元稳定问题，甚至参与了破坏稳定的活动。战争时期尤其如此——这是无法否认的。有人认为战争时期的通货膨胀是由战争引起的，不能责怪政府。好吧！我们避开战争时期，转而考虑和平时期的问题。在和平时期，政府通过修改银行法影响银行的政策，甚至通过财政政策来影响货币的价值。当涉及政府自身债务时，政府还有额外的责任。政府借入几十亿美元，然后让美元贬值。这甚至是不公平的赌博。这是洗牌作弊。

政府——国家、州和地方政府——承担道德责任的另一个证据是，许多法律规定往往是以稳定的货币为前提，出于公平的目的而做出的。然而，由于缺乏稳定的货币，这实际上反而造成了不公平。当我在1917—1920年建议受托人避免投资债券时，他们回答说这是法律要求的做法。因此，我们发现政府这种做法的本意是保护遗孀和孤儿的财产，但实际效果恰恰相反。

在过去，不道德的国王和君主的政府，为了欺骗他们的债权人，会使王国的货币贬值。然而，现代政府造成的货币贬值，虽然可能缺乏邪恶的目的，但其行为要恶劣得多。

我们看到一个信托账户四分之三的本金，是如何被通货膨胀蒸发掉的，然而从法律的角度来看，本金几乎没有受到任何损害。也许只有当那些利益相关之人——受托人、律师、立法者和受益人看清这一点时，他们才会苦笑甚至痛哭。

受影响的不止信托业。储蓄银行和保险公司，按照法律的规定需要保护人们的财产，然而由于货币不稳定，它们不仅没做到这一点，还危害了人们的财产安全。难道政府制定的法律不能对它们施加一些责任，从而真正实现保护人们财产安全的目的吗?

同样，当政府对铁路运输或公共事业定价时，就会影响股东或公众的利益，政府难道没有责任吗?类似的，法定最低工资、罚款、处罚、执照，这些政策也会影响公众的利益，政府难道没有责任吗?

最后，请注意这个事实，即各国政府都规定禁止损害合同义务。例如，美国宪法明确禁止各州损害合同义务。诚然，绿背决策授予了联邦政府有这样做的技术权利，但没有人否认它没有道德权利，也没有人否认它损害了绿背纸币时代的合同。

最基本的公正，显然要求政府在合同中明确规定公正原则，并且依据该原则，在假设存在稳定货币前提下管制受托人和公用事业，预定费率以及限制投资。政府应该做好所有这些方面的工作，而不是把它们变成空头支票。

政府在履行这些责任时，不需要新的宪法条款。法律已规定国会有权“调整”货币的价值。

政府也不需要什么货币理论。即使那些不相信任何形式货币“数量论”的人，也会承认本章以及上一章的每一个提议（也许有管理的法定货币提议除外）都在某种程度上迫使货币趋于稳定。

政府也不需要新的原则。对于货币单位之外的所有其他度量单位，在有了测量和固定标准的仪器之后，这些单位的标准立即稳定下来。如果说以前我们不能稳定货币单位，是因为没有测量货币的“仪器”，那么现在我们有了这种“仪器”——指数，我们还有什么理由不能稳定货币单位呢？

政府至少应该开始尝试这么做。每个其他单位，最初都是粗略固定的，并不准确。据说，长度单位“码”的标准，一开始是部落首领的腰围（girth），被称为“格德”（gird），然后是亨利一世手臂的长度，接着是一根铁条的长度。现在它近似等于1米，而1米是一根特殊金属条在标准局规定的常温下的长度。

如果今天我们用回“格德”，比如码是美国总统的腰围，我们会怎么想？如果地毯经销商在塔夫脱政府时期签订合同但在当前政府时期履行合同，我们会怎么想？

与我们从荒谬的商业标准中遭受的且似乎注定要继续遭受的不公正相比，制定货币标准涉及的不公正是微不足道的。

总　结

现在总结一下我们的发现：

1. 如何处理我们不稳定的货币，是最重要的问题之一。

2. 由于货币幻觉，不稳定货币问题几乎被忽视了。

3. 这种货币幻觉问题更为严重，因为与外国货币相比，人们发现自己更难挣脱本国货币幻觉。[1]

4. 这种货币幻觉蒙蔽了我们：商品价格在上升或下降，而实际上未发生变化；工资似乎在上升，但实际上在下降；利润似乎为正，但实际亏损；节俭似乎产生了利息，但实际上利息几乎不存在；收入似乎稳定，但实际上不稳定；债券投资似乎是安全的，但实际上它是对黄金的投机。货币幻觉导致重量单位看起来像是价值单位；货币幻觉隐藏了所谓商业周期的一个主要原因；货币幻觉使政治金融家能够使用不合理的财政制度，让人们的负担更重，但人们对此的抱怨却比使用合理的财政制度要少；货币幻觉导致人们对“逐利者”和“放债者”的不公正指责；特别是，货币幻觉让人们看不到稳定货币的需要，从而阻碍了货币稳定的实现。

5. 当前固定美元重量的做法，很难替代固定价值或购买力。

6. 1865至1920年间，按实际指数计算，美元价值上升了近4倍，并再次回落至起点。

7. 美元价值的大部分波动，发生在美元是金元时期（1879—

1　可谓“不识庐山真面目，只缘身在此山中”。

1922年）。

8. 美元价值波动主要是和平时期的波动，大多数发生在美国处于和平的时期（1879—1898年、1899—1917年和1918—1922年），其中大部分发生在国外没有重要战争的时期（1879—1914年和1918—1922年）。

9. 美元的这些波动虽然严重，但与欧洲动辄千倍、百万倍、十亿倍和万亿倍的波动相比，微不足道。

10. 美元贬值或升值的原因是货币通货膨胀或通货紧缩，而且在实践中，没有必要区分通货膨胀或通货紧缩是相对的还是绝对的，因为它们既是相对的，又是绝对的。

11. 至于通货膨胀或通货紧缩的原因，也就是为什么货币价值剧烈变化，这主要是人为造成的，即主要由政府财政，特别是战争财政、银行政策和立法造成的；但也有一部分原因在于金矿的发现或枯竭，以及冶金工艺的变化。

12. 货币的剧烈波动产生了巨大危害。这类似于如果我们的物理尺度不断地扩大和缩小，但货币波动的危害更大，因为：

（1）货币的使用更为广泛；

（2）货币在长期合同中广泛使用；

（3）货币的伸缩是看不见的。

13. 这种危害包括：不断地“抢劫甲来赔偿乙”，仅在美国六年时间里，这种损失就高达600亿美元；金融、商业和工业关系中的混乱和不确定性；商业周期；萧条，破产，失业，劳工不满，罢工，停工，阶级情绪，扭曲的立法，暴力。简言之，危害有三，即社会不公、不满和效率低下。

在这种情形下，处于基础地位的不稳定的货币，部分解释了：

（1）美国西部农民的不满，对通货紧缩的愤怒；

（2）关于公用事业费率的法律争议，例如纽约地铁5美分票价争议；

（3）法国法郎问题；

（4）英国的大萧条和美国比较温和的萧条问题；

（5）投资顾问作为一种新的职业和投资信托的出现。

14. 作为个人，为了在一定程度上保护自己不受不稳定货币的伤害，我们可以采取下列方法：将账户转换成稳定的美元账户；尝试预测美元的价值；聘请投资顾问，避免仅投资债券，要多样化投资；使用指数作为修正。

15. 真正的解决方法是信贷控制和黄金管制。

16. 这两方面都有一些先例，例如美国联邦储备系统买卖证券和调整再贴现率的政策，以及欧洲各国政府在节约黄金方面的政策。

17. 现在许多经济学家和银行家从实际的角度研究货币不稳定问题。

18. 货币不稳定问题是个老问题，它的本质是保证更精确的货币衡量标准，只不过以新的形式出现而已。当前只有美元和月份仍然不稳定。

结　论

当前，那些利益最攸关之人，即商人和银行家，应该就稳定问题进行研究或进行一系列研究。

也许我们只能从当前已知的方法中进行选择。即使如此，我们仍需要从中选择最佳和最可行的方法，并决定在确定美元价值时应使用哪个或哪些指数。

这些问题永远不能完全由学者来解决，因为银行家和商人只会接受那些他们自己主导的政策。

本书的目的不是提供任何现成的解决办法，而是把其交给读者尤其是商人读者自己思考。这是一个关系到你切身利益的问题，也是一个迫切需要解决的问题。你打算怎么做？如果你拒绝了我们提出的每一个方案，你是就此打住，还是要采取任何必要的措施，以你自己的方式解决问题？

本书的全部目的在于鼓励人们自己解决问题。经验表明，商人一旦改变了看法，就会一直这么做。正如一位朋友所说，“一旦某人追求稳定，他就会一直追求稳定”。只有少数幸运者看到了这个问题及其重要性。他们有一种特殊的责任，那就是让别人也看到这个问题。

每个人都面临这个问题。请注意当你储蓄或投资、借入或放出资金、购买人寿保险，并且打算将财产留给子女时，这个问题更为严重。如果不解决这个问题，你可能会失业或者亏损。如果你不去解决问题，其他人也不去解决问题，那么剧烈变动的美元将永远伴随着我们。如果我们只想着让别人解决问题而自己搭便车，那么结果就是“人人负责等于没人负责”，也就是说，错误永远得不到纠正。

我们必须把稳定美元的这一重大问题，从目前的无人负责状态转变为确定明确责任状态。

过去几年，为了稳定美元，我们已采取了一些初步措施，即使这样，我们已受益匪浅：国民收入增加了，个人公平得到了捍卫。我们期望这些好处保持下去，并得到更大的好处。稳定让我们的经济生活进入了一个新时代。

当然，稳定的货币并不是解决所有商业问题的万能药，就像稳定的商品篮子不是万能药一样。然而，稳定的货币减少了社会不公，减少了社会不满，改善了社会效率。不仅如此，它能够间接地帮助人们解决其他重大问题，因为它能让人们了解事实，不再抱有幻想。在对恶魔采取行动之前，有必要先查明事实真相，然而美元的波动掩盖了事实。它蒙蔽了广大人民的眼睛，政府最终的责任是选择一种或多种补救办法来解决现存的这些罪恶。波动的美元蒙蔽了我们，而稳定的美元则会让事实浮出水面。

毫不夸张地说，稳定的货币将直接或间接地实现社会公平，并且帮助我们解决工业、商业和金融问题。当然，我认为还存在着一些更重要的改革。然而，在各项经济改革中，稳定美元最为重要。当我们真正获得稳定的货币单位时，我们将获得有史以来最大的经济利益。

附录一
一些稳定美元计划的概要

信 贷 控 制

信贷控制必须始终是任何稳定美元计划的重要组成部分。正如人们所看到的，美国联邦储备系统已经朝这个方向迈进。有些读者可能希望详细了解美联储系统采用了哪些方法。

关于美联储措施最完整的描述，可以参考纽约联邦储备银行行长助理伦道夫 · 伯吉斯（W. Randolph Burgess）所写的一本书，也可以参考该行行长本杰明 · 斯特朗对“斯特朗法案”听证会所做的证词。这两本书都列在后面的阅读清单中。

当然，在这里，我们仅简单说说这些措施。

美联储的运行方式

美联储系统可以通过五种措施对经济施加影响：

1. 通过公开市场委员会买卖政府证券，该委员会旨在确保12家联邦储备银行采取一致行动。（参见第94页。）

2. 提高或降低联邦储备银行对数千家成员银行的放款利率（称为再贴现利率）。（参见第95页。）

3. 将黄金券（100%以黄金为后盾）兑换成美联储发行的纸币（只有40%是以黄金为后盾）或将美联储发行的纸币兑换成黄金券，从而使黄金储备进入或退出流通。这样的兑换改变了黄金储备率，使黄金储备率不至于大到引起通货膨胀，也不至于小到引起通货紧缩。只要这一比率远远高于法定比率，但又不过高，那么在银行业政策中就没有必要关注它，因为在一定范围内，它的任何变化都不会产生任何影响。

4. 对银行尤其是成员银行进行道德劝说，从而使贷款趋于一致的收缩或扩张。这是通过联邦储备银行的联系人来完成的。

5. 公布联邦储备委员会和银行的统计信息。

在这五种方法中，前两种方法将许多经济学家很久以来提出的方法付诸实践。例如，阿尔弗雷德·马歇尔（Alfred Marshall）在1887年就说明了第一种方法背后的经济原理，并且提出了一些稳定货币的其他建议。瑞典的卡塞尔教授在《1914年以后的货币与外汇》（*Money and Foreign Exchange After 1914*）强调了第二种方法，我在《稳定美元》一书中也强调了这一方法。

黄 金 管 制

假设保留金本位制，此时仅依靠信贷控制不足以维持货币长期稳定。此外，还需要对黄金进行管制，防止信贷管制目标与黄金储备的相关法律要求发生冲突。

黄金管制计划主要分为两大类：1. 控制黄金产量；2. 控制美元的含金量。

莱费尔特计划

黄金产量控制最好的例子是已故教授莱费尔特提出的计划。他在《恢复世界货币》（*Restoration of the World's Currencies*）一书中提出，由各国组成的辛迪加可以控制黄金生产：

> 这个辛迪加不必是个大辛迪加，因为大英帝国和美国供应的黄金产量占世界黄金产量的五分之四以上，如果它们联合起来调节供应，即使其他黄金生产商出现，这个辛迪加的麻烦也不会比在河边淘金的辛迪加麻烦多。我们这样说是为了表明辛迪加是多么容易操作。当然，把所有的生产商都包括进来会更好——墨西哥和俄罗斯是第二重要的。更好的办法是组建真正的国际组织，因为所有国家都关心国际贸易，如果要采用金本位制，它们都应该分担起管制金本位的工作。

为了执行这种管制政策，需要一个由相关国家任命的委员会。这里，我们不讨论委员会的组成问题，只指出一点：组建的国际联盟，应使成员国更容易达成一致意见；然而，这不是个经济问题。在委员会的领导下，应设置一个科学局和一个行政管理局。前者的职责是收集委员会决定所依据的资料，包括：1. 所有国家的货币和银行统计数据；2. 特定市场的价格统计；3. 已知黄金来源的地质和开采情况的信息；4. 关于金矿开采土地的法律和金融信息，以及采矿公司的状况的信息。这项工作已广为人知，不需要再作详细说明。

委员会的行政管理职能，将通过成员国家政府的调解来行使。委员会不需要大量工作人员，除非它决定自行购买和开采矿山……

委员会的目的是预测价值的变化，并通过明智的行动加以纠正，而不是让自然力缓慢地停止和逆转这一运动。也就是说，委员会在一定程度上起着总督作用。

在价格上升的时候，关闭一些产量最低的矿山，并阻止新矿山的开发，就可能实现这一目标。这样的政策将涉及支付赔偿金。委员会不得不使用成员国提供的资金，购买它决定关闭的这些矿山。这种政府行为有很多先例，有关国家的政府应该予以协助；由于产量低的矿井价值不大，因此购买这些矿山涉及的资金量并不大。当有必要采取这种行动时，矿山工人也应得到补偿。委员会最好效仿瑞典政府的方法。瑞典关闭了烟草工厂，建立国家烟草专卖店。给予失业工人补偿费用总额并不高，但避免了工人的许多不满情绪。

购买即将开发的新土地有些困难，但并非不可能。委员会，也许应是国家政府，购买已证明存在可开采矿石的土地，并且制定和实施发现新矿山的奖励制度。购买新矿山，相当于进行资本投资，目的在于未来的黄金生产。在目前已知的所有未开发矿山中，最有价值的是威特沃特斯兰德的远东部分，由于这部分土地属于南非政府，因此处理问题就简单化了。

金矿的寿命是有限的；生产过剩的时期之后便是黄金稀缺时期。由于这个原因，在物价上涨时期购买金矿的代价并不昂贵，而是一项很好的投资。将来，当黄金产量不足以满足商业需求时，委员会将采用以下方法来满足稀缺性：

1. 对于委员会以前买到的并暂停开发的金矿，此时启动开发工作。委员会需要能够为开发筹集所需资金。

2. 鼓励系统性勘探，以期发现新的矿山。

3. 鼓励研究如何改进黄金提取方法。

4. 促进纸币的使用，代替黄金。

上述方案主要涉及黄金供应的管制。使用纸币替代黄金的建议，也涉及需求层面。因此，仅管制黄金供应，可能还不足够，有必要对黄金以及黄金支持的各种纸币数量之间的比例采取审慎行动。

补偿美元计划

这通常称为我的计划，因为它在我的《稳定美元》一书中有详细阐述。其中只有一个特点是其他人未预料的，即禁止可能给政府财政带来损失的黄金投机行为。西蒙·纽科姆（Simon Newcomb）、马歇尔和其他几个人都希望我对此中心思想进行解释。

支持和反对这项计划的理由，参见阅读清单中提到的戈尔茨伯勒法案听证会。

这个计划的要点是：

1. 废除金币，并且将现有的黄金券转换为“金条美元券”，使持有人有权根据官方宣布的标准获得既定重量的金条。因此，黄金以“黄背”纸币的形式（即黄金提单）流通，而真正的黄金则是政府金库中的金条。

2. 保障这些金条美元券能100%得到黄金储备支持。如果美元含金量的变化影响了这个100%比率，就要通过发行或收回金条美元券，使其恢复100%。

3. 保留虚拟的“自由铸币”，即黄金存储和自由赎回金条美元券。“自由铸币”的意思和当前实务中的意思一样，它意味着政府可以无限量地购买黄金，用于制造金条。这和实务是一样的，只不过当前是用于制造“黄背”纸币而不是金币。我提出的计划与现行做法的唯一本质区别是，黄金价格不再被武断地定为每盎司20.67美元，而是根据其实际价值或购买力进行调整，也就是说，黄金购买价格是可变的。同样，黄金券兑换的意思和当前实务一样，意味着政府可以无限地出售黄金，只不过以可变价格出售。

4. 构建理想的复合商品美元。它由一系列具有代表性的商品组成。这种复合商品美元的价值，最初定为1美元。建立指数，以记录既定时间间隔复合商品美元的市场价格（以金元表示）。

5. 在调整既定时间间隔期的金条美元重量时，要依据指数与面值的偏差。当然，这等价于反方向调整黄金的价格。

6. 征收一小笔“管理”费，比如1%。也就是说，政府卖出黄金的价格比买进时高1%，高出的这1%为管理费。这样做的目的是防止出现从政府套利的投机行为。例如，你今天以每盎司20美元的价格从政府那里买进黄金，明天以20.10美元的价格出售给政府。政府买卖黄金价格的每一次调整，都应提前公布，而且调整幅度限制在1%或任何既定的管理费率。

这个计划的关键在于指导性规则（参见第5条）。该规则是使用指数调节美元重量的依据。它的意义在于：为了防止金元贬值，我们增加它的重量，这意味着贬值的美元是重量不足的美元；反之，为了防止美元升值，我们减少它的重量，这意味着升值的美元是超重的美元。

结果将是，指数，即构成“商品美元”的各种商品的价格，将会波动，但其以金元衡量的价值的波动将很小。

在《稳定美元》一书中，我只是把信贷控制的内容放在附录而不是正文中。那时我假设所有银行甚至是中央银行，纯粹为了私人利益运营。我的目的是使整个稳定计划（包括黄金管制和信贷管制)“自动”运行，即尽可能地不自主裁决。

然而从那时起，正如本书所示，自主信贷控制实际上已经存在。如果得到适当的完善和保障，这将大大简化和改进稳定技术，并使黄金管制没有信贷管制重要。在这种情形下，伯特内斯法案提出的美元重量每日调整计划有了实施可能，尽管没必要这么做。然而，如果没有自主信贷控制，那么每日都进行调整的做法将是灾难性的。也就是说，如果像我最初的想法一样，信贷管制和黄金管制都要保持“自动”(也就是不自主裁决)，从而信贷控制没有黄金管制重要，那么我们应该给美元重量的每一次变动留出足够的时间(比如至少一个月)让其产生一些影响，然后再进行下一次调整。

与“自动”或非自主裁决不同，我提出的系统是一种自始至终的自主裁决，因此正如两位英国经济学家私下建议的，英格兰银行和其他央行应该自行决定改变黄金货币单位的重量。

几年前，作为波拉克经济研究基金会的研究员，赫德森·黑斯廷斯(Hudson B. Hastings)博士花了8个月的时间详细研究了所有货币稳定计划，他发现唯一可行的计划是“补偿的美元”(补偿的货币)而不是法定货币。“补偿的美元”可以确保任何一个国家的物价水平在很长一段时间内保持稳定，而且在几乎所有的情况下都有效，但不会迫使该国承担世界货币稳定重担。他还表示，在通过国际合作以保证货币稳定的所有计划中，补偿美元计划最符合实际且代价最小。

但是，补偿美元计划的缺点是容易被误解，让人们误认为它是在改变美元，而不是让它保持不变。另外，人们也会误认为它破坏了先例。莱费尔特计划在形式上保留了目前的金本位制，但实际上做了很大修改；人们在心理上反而容易接受这样的计划。事实上，所有受欢迎的改革，都具有这样的心理优势。例如，英国坚持君主政体的形式，同时将实质变为民主政体，从而保持对国王的忠诚，尽管国王几乎没有什么权力。因此，在不推翻黄金“国王”的情况下，通过使黄金“国王”符合商品标准来保持民众对黄金标准的忠诚，可能更容易一些。对这两个计划的详细讨论，可参考我的《稳定美元》一书。

我的这本书也讨论了吉尔伯特·路易斯提出的兑换商品计划，后来路易斯对此做了更完整的说明（参见阅读清单）。如果我们能在政治上完全摆脱金本位制，路易斯计划似乎是迄今为止最好的计划。

《稳定美元》一书中还提到了其他稳定手段，如改变对黄金储备率的要求。

一位加拿大银行家向我提出的另一个建议是，如果黄金变得如此过剩，以至于美联储系统在用资产交换黄金的过程中，几乎失去所有盈利资产（主要是政府债券），那么政府应该向这个系统提供新的债券，尤其是为此目的发行的债券，并且接管黄金。然后，政府（而不是银行）将把这些黄金当作一种无价值资产（dead asset）。

控制商品流通

本书主要讨论货币流的控制问题，不涉及商品流的控制，除非商品流受到货币流的间接影响。我们已经看到，所谓的商业周期，很大程度上是“美元在跳舞”，而稳定的美元将使商业周期变得平缓，并在很大程度上弥补我们遭受的如此严重的危机、萧条和失业问题。

但也有人指出，商业和工业的波动，部分是由货币以外的原因造成的。因此，除了使用货币上的补救办法，可能还需要使用其他的办法。然而，本书的目的不是讨论商业周期，因此，我们不讨论这些补救措施。

对此我想说，我赞同——至少是原则上赞同福斯特（Forster）和卡钦斯（Catchings）、赫伯特·胡佛、奥托·马勒里（Otto Mallery）等人提出的建议。他们建议通过规划公共工程和商业建设来解决失业问题，从而进一步平抑周期。我也非常认可丹尼森制造公司为减少就业的季节性变化所做的努力。最后，我认为失业保险对工业组织非常重要。这些建议不会阻碍我们此处讨论的稳定货币单位改革，只会提供良好补充。

附录二
进一步研究展望

显然，在任何稳定政策中，都有大量可用的其他方法。如何在这些方法中做出最佳选择，还有哪些其他方法，以及如何将最终选择的各种方法最好地结合起来，这些都是未来研究的问题。

另一个至关重要的问题是：在指引货币稳定方面，哪个或哪些指数是最优的？

例如，指数应该是批发价格指数、零售价格指数、生活成本指数，还是一般指数？一般指数，指由各种商品的价格组成的指数，这些商品包括股票、债券、房地产、租金、货物、工资以及批发和零售商品。

1927年12月，在华盛顿举行的美国统计协会、美国经济协会和稳定货币协会联席会议上，这个问题引起了热烈的讨论。参与讨论的有赫德逊·黑斯廷斯（耶鲁大学）；威尔福德·金（美国国家经济研究局）、马里亚姆·韦斯特（Miriam E. West，新泽西女子学院）、统计学家卡尔·斯奈德（纽约联邦储备银行）、前美国劳工统计专员罗亚尔·米克（Royal Meeker）、约翰·康芒斯（John

R. Commons，威斯康星大学）、埃特尔伯特·斯图尔特（Ethelbert Stewart，美国劳工统计局），以及其他一些人，还有我。

哪一个是最好的指数？大家对此存在很大的分歧。但与会者普遍认为，任何一个指数都比没有要好得多。

一般价格指数与美国劳工统计局的批发价格指数相差很大。然而，我们已经看到，在购买力（以世界大战前的美元衡量）上，这两个指数大致一致。

而且，如果货币能够稳定，这两个指数将更趋于一致。这是因为：价格与指数波动越大，它们之间的差异就越大；价格与指数越稳定，它们就越趋于一致。

尽管如此，我们还是希望尽可能选择最好的指数，为了达到这一目的，还需进一步的研究。

在指数问题上，除了指数的构成（例如，涉及哪些行业）问题之外，还有下列一些问题：能代表行业的最优样本选择问题；最优计算公式问题，包括“加权”方法（分配指数中使用的各种商品的比例份额）；指数制定是用定比还是环比，以及如何决定基期问题；等等。然而，从实践的角度来看，这些问题中的大多数可以很容易地通过已经确立的原则解决。[1]

另一个问题是指数是否应该是国际性的，包括所有国家的代表性商品。

---

1 参见拙著《指数的编制》（*Making of Index Numbers*）一书以及文章《“总价值标准”：指数构建的新原则》（“The ‘Total Value Criterion’: A New Principle in Index Number Construction”, *Journal of the American Statistical Association*, December, 1927）。——作者

最后一个问题是，指数应该保持绝对稳定，还是温和上涨或温和下跌？特别是，是否应该考虑人均实际收入的变化？迪安·戴维·金利（Dean David Kinley）曾经提出，最好的单位，可能是国家收入中固定的一小部分。这意味着生产有重大改进时，价格水平将略有下降。

所有这些细节上的改进都是值得讨论的问题。今天的主要问题是摆脱大的波动。一旦我们获得了必要的数据和知识，我们就可以在未来实施这些改进。

虽然我们可以选择各种各样的手段和指数来稳定货币，但对于哪种方案最好，并没有普遍的一致意见。莫里斯·利文（Maurice Leven）博士通过对经济学家进行问卷调查，在1927年12月稳定货币协会华盛顿会议上报告了他的发现。他发现，281人中有252人“认为稳定物价水平是一件大事”；262人中有176人认为应采用“一般”指数，59人认为应采用批发指数，13人认为应采用零售指数；270人中，88人赞成以某种方式控制信贷，70人赞成补偿美元计划，27人不确定、犹豫不决或感觉无法判断，53人说没有令人满意的计划，21人有各种各样的建议，11人反对任何计划。

我们所需要的是一个最优的可行方案。在承认世界的现状以及所有的传统和偏见的基础上，在所有已经尝试过的措施基础上，我们可以一步步地走向最理想和最接近世界范围的稳定。这一问题的彻底解决，值得经济学家、实业家、银行家和政治家付出最大努力。

附录三
阅 读 清 单

下面的87本书和文章是从数百本关于货币不稳定的书籍和文章中选出的。它们代表了各种不同的意见。

这些文献有些是给一般读者看的，有些是技术性的，有些可以帮助读者理解本书中的引文。文献按时间顺序排列。

美 国 书 籍

FISHER, IRVING. *Stabilizing the Dollar.* New York, Macmillan, 1920. xlix, pp. 305.

SCUDDER, STEVENS & CLARK. *Investment Counsel.* New York, Scudder, Stevens & Clark, 1922. p. 48. New Edition, 1927.

STROVER, CARL. *Monetary, Reconstruction.* Chicago, 133 West Washington St., 1922. p. 91.

UNITED STATES HOUSE OF REPRESENTATIVES. Hearing [on the

Goldsborough Bill] before the Committee on Banking and Currency of the House of Representatives. 67th Congress, 4th Session, on H. R. 11788. Pt. I. pp. 1–125. Pt. II. pp. 125–164. Washington, Government Printing Office, 1923.

BECKHART, B. H. *The Discount Policy of the Federal Reserve System.* New York, Henry Holt & Co., 1924. pp. 604.

SMITH, EDGAR LAWRENCE. *Common Stocks as Long Term Investments.* New York, Macmillan, 1924. ix, pp. 129.

CARR, ELMA B. Bulletin of the United States Bureau of Labor Statistics, No. 369. The Use of Cost-of-Living Figures in Wage Adjustments. Washington, Government Printing Office, 1925. v, pp. 506.

GRAHAM, MALCOLM K. *An Essay on Gold Showing Its Defects as a Standard of Value and Suggesting a Substitute Therefor.* Also a Translation of *The Death of Gold* by Gugliemo Ferraro. Dallas, Texas, Hargreaves Printing Co., 1925. pp. 198.

UNITED STATES HOUSE OF REPRESENTATIVES. Hearings [on the Goldsborough Bill] before the Committee on Banking and Currency of the House of Representatives. 68th Congress, 1st Session, on H. R. 494. Washington, Government Printing Office, 1925. pp. 94.

VAN STRUM, KENNETH. *Investing in Purchasing Power.* Boston, Barron's, 1925. pp. 248.

KEMMERER, E. W. Reports submitted by the Commission of the American Financial Experts. Maps and charts. Report on the

Stabilization of the Zloty. pp. 3–48. Warsaw, Ministry of Finance, 1926. pp. 364.

DICK, ERNST. *The Interest Standard of Currency.* Boston and New York, Houghton Mifflin Co.,1926. pp. 286.

SODDY, FREDERICK. *Wealth, Virtual Wealth and Debt.* New York, E. P. Dutton & Co., 1926. pp. 320.

BURGESS, W. RANDOLPH. *The Reserve Banks and the M oney Market.* New York, Harper & Brothers, 1927. xxi, pp. 328.

UNITED STATES HOUSE OF REPRESENTATIVES. Stabilization. Hearings [on the Strong Bill] before the Committee on Banking and Currency of the House of Representatives. 69th Congress, 1st Session, on H. R. 7895. Part I. pp. 1–631. Part II. pp. 633–1145. Washington, Government Printing Office, 1927.

美国期刊论文

NEWCOMB, SIMON. "The Standard of Value". *The North American Review*, September, 1879. pp. 234–237. New York, North American Review Corporation, 1879.

CLARK, J. M. "Possible Complications of the Compensated Dollar". *American Economic Review*, September, 1913. pp. 576–588. Cambridge, Mass., American Economic Association, 1913.

FISHER, WILLARD C. "Tabular Standard in Massachusetts History". *Quarterly Journal of Economics*, May, 1913. pp. 417–451. Cambridge Mass., Harvard University Press, 1913.

TAUSSIG, F. W. "The Plan for a Compensated Dollar". *Quarterly Journal of Economics*, May, 1913. pp. 401–416. Cambridge, Mass., Harvard University Press, 1913.

FISHER, IRVING. "Objections to a Compensated Dollar Answered". *American Economic Review*, December, 1914. pp. 818–839. Cambridge, Mass., American Economic Association, 1914.

TINNES, D. J. "An American Standard of Value". *American Economic Review*, June, 1919. pp.263–266. Cambridge, Mass., American Economic Association, 1919.

AMERICAN BANKERS ASSOCIATION. Report of the American Bankers Association Currency Commission on Dr. Irving Fisher's Plan to Stabilize the Dollar. *Journal of the American Bankers Association*, November, 1920. pp. 239–240. New York, American Bankers Association, 1920.

ANDERSON, B. M. JR. "The Fallacy of 'The Stabilized Dollar'". *Chase Economic Bulletin*, August, 1920. pp. 1–16. New York, Chase National Bank of the City of New York, 1920.

SNYDER, CARL. "The Stabilization of Gold, A Plan". *American Economic Review*, Vol. XIII. pp. 276–285. Cambridge, Mass., American Economic Association, 1923.

FOSTER, WILLIAM T. AND CATCHINGS, WADDILL. "Business Conditions and Currency Control". *Harvard Business Review*, Vol. II. pp. 268–281. Cambridge, Mass., Harvard Economic Service, 1924.

ANDERSON, B. M. JR. "The Gold Standard versus 'A Managed Currency'". Chase Economic Bulletin, Vol. V. pp. 3–39. New York, Chase National Bank of the City of New York, 1925.

BURGESS, W. R. "What the Federal Reserve System has done to our Currency". *American Bankers Association Journal*, Vol. XVII. pp. 599–601. New York, American Bankers Association, 1925.

BURGESS, W. R. "How the Mechanism of the Federal Reserve Prevented a Gold Inflation". *American Bankers Association Journal*, Vol. XVII. pp. 729–731. New York, American Bankers Association, 1925.

FISHER, IRVING. "Our Unstable Dollar and the So Called Business Cycle". *Journal of the American Statistical Association*, June, 1925. pp. 179–208. Concord, New Hampshire, Rumford Press, 1925.

SHAW, A. VERE. "Elements of Investment Safety". *Harvard Business Review*, July, 1925. pp. 447–455. Chicago, A. W. Shaw Co., 1925. Separate reprint.

WILLIS, H. PARKER. "The Present Relationship between Credit and Prices". *Proceedings of the Academy of Political and Social Science*, January, 1925. pp. 111–131. Philadelphia, Pa., Academy of Political and Social Science, 1925.

FISHER, IRVING. "The Greatest Public Service Organization in the

World". *American Bankers Association Journal*, December, 1926. pp. 438–440. New York, American Bankers Association, 1926. Separate reprint.

LOMBARD, NORMAN. "Judicial Salaries and the General Price Level". *Illinois Law Review*, Vol. XXI. pp. 312–315. Chicago, III., Northwestern University Press, 1926.

COMMONS, JOHN R. "Price Stabilization and the Federal Reserve System". *The Annalist*, April 1, 1927. pp. 459–462. New York, New York Times Publishing Company, 1927.

KING, WILLFORD I. "The Movement for Sound Money". *Burroughs Clearing House*, October, 1927. pp. 5–7, 44–51. Detroit, Mich., Burroughs Adding Machine Co., 1927.

COMMONS, JOHN R. "Farm Prices and the Value of Gold". *North American Review*, January, 1928. pp. 27–41. February, 1928. pp. 196–211. New York, North American Review Corp., 1928. Separate reprint, pp. 32.

ROBERTS, GEORGE E. "The Gold Movement and its Effect on Business". *Forbes Magazine*, February 1, 1928. pp. 18–20, 40. New York, B. C. Forbes' Publishing Company, 1928.

STRONG, JAMES G. "Speech in the House of Representatives", March 17, 1928. pp. 5098–5103. *Congressional Record*, Washington, D. C., March 17, 1928.

HARWOOD, E. C. "The Probable Consequences to our Credit Structure of Continued Gold Export". The Annalist. March 23, 1928. pp. 523–524.

DUBRUL, ERNEST F. "Unintentional Falsification of Accounts". *National Association of Cost Accountants Bulletin*, Vol. IX. pp. 1035–1058. New York, National Association of Cost Accountants, 1928.

SATURDAY EVENING POST. Editorial, "Income Versus Purchasing Power". *Curtis Publishing Co.*, Philadelphia, April 7, 1928.

外国书籍

NICHOLSON, J. SHIELD. *Inflation.* London, P. S. King & Son, Ltd., 1919. iv, pp. 143.

CASSEL, GUSTAV. *The World's Monetary Problems: Two Memoranda (for the League of Nations)*. London, Constable & Co., 1921. pp. 154.

CASSEL, GUSTAV. *Money and Foreign Exchange after 1914*. New York, Macmillan, 1922. vi, pp. 287.

BELLERBY, J. R. *Control of Credit as a Remedy for Unemployment.* London, P. S. King & Son, Ltd., 1923. pp. 120.

HAWTREY, R. G. *Monetary Reconstruction.* London, Longmans, Green & Co., 1923. vii, pp. 147.

LEHFELDT, R. A. *Restoration of the World's Currencies.* London, P. S.

King & Son, Ltd., 1923. xi, pp. 146.

INTERNATIONAL LABOUR OFFICE. *Unemployment, 1920–1923.* Studies and Reports, Series C, No. 8. Geneva, 1924. pp. 154.

KEYNES, J. M. *Monetary Reform.* New York, Harcourt, Brace & Co., 1924. viii, pp. 227.

BELLERBY, J. R. *Monetary Stability.* London, Macmillan & Co., 1925. pp. 174.

GESELL, SILVIO. *Die natuerliche Wirtschaftsordnung durch Freiland und Freigeld.* Eden-Oranienburg bei Berlin, Freiland-Freigeld Verlag, 6th ed., 1925. pp. 408.

KATZENELLENBAUM, S. S. *Russian Currency and Banking, 1914–1924.* P. S. King & Son, Ltd., London, 1925. pp. 198.

CANNAN, EDWIN. *Money, its Connection with Rising and Falling Prices.* 5th ed. Revised. London, P. S. King & Son, 1926. pp. 120.

CASSEL, GUSTAV. *Das Stabilisierungsproblem oder der Weg zu einem festen Geldwesen.* (Tr. by Max Mehlen.) Leipzig, G. Gloeckner, 1926. pp. 146.

FUSS, HENRI. *La prévention du Chômage et la Stabilisation économique.* Brussels, L'Eglantine, 1926. pp. 140.

HARGREAVES, E. L. *Restoring Currency Standards.* London, P. S. King & Son, 1926. ix, pp. 106.

CANNAN, EDWIN. *An Economist's Protest.* London, P. S. King & Son, Ltd., 1927. xx, pp. 438.

FOA, BRUNO. *Influenze Monetarie sulla Distribuzione delle Ricchezze.* Naples, Societa Editrice Dante Alighieri di Albrighi, Segati & C., 1927. pp. 146.

LAZARD, MAX. *Rapport sur les Travaux de la* Commission *d'Experts Financiers Chargés d'érudier la Question du Controle International du Crédit.* Paris, Imprimerie Berger-Levrault, 1927. pp. 28.

OBLATH, A. *I problemi attuali della politica del credito.* Trieste, Industrie grafiche italiane, 1927. pp. 190.

PIGOU, A. C. *Industrial Fluctuations.* London, Macmillan & Co., 1927. xxii, pp. 397.

SCHACHT, HJALMAR. *The Stabilization of the Mark.* (Tr. from the German). New York, The Adelphi Co., 1927. pp. 247.

VERNON, LORD. *Coal and Industry, the Way to Peace.* London, Ernest Benn, Ltd., 1927. pp. 40.

HAWTREY, R. G. *Currency and Credit.* New York, Longmans, Green & Co., 3rd ed., 1928. vii, pp. 477.

MCKENNA, REGINALD. Speech at Meeting of London Joint City and Midland Bank Limited,January 24, 1928. London, Blades, East & Blades, 1928. Reprinted in the U. S. Congressional Record of February 24, 1928. p. 3683. Washington, D. C., 1928.

外国期刊论文

MARSHALL, ALFRED. "Remedies for Fluctuations of General Prices". *The Contemporary Review,* March, 1887. p. 371. London, Contemporary Review Co., 1887. Reprinted in Memorials of Alfred Marshall. pp. 188–211. London, Macmillan & Co., 1925.

WILLIAMS, ANEURIN. "A 'Fixed Value of Bullion' Standard, a Proposal for Preventing General Fluctuations in Trade". *Economic Journal*, June, 1892. pp. 280–289. GRIFFIN, SIR ROBERT. *Discussion, Fancy Monetary Standards.* pp. 463–471. WILLIAMS, ANEURIN. *Reply.* pp. 747–749. London, Macmillan & Co., 1892.

BOISSEVAIN, G. M. "Een Ideale Waarde-Standaard". *De Economist*, 1913. pp. 441–473. The Hague, 1913.

MARCH, LUCIEN. "Un Projet de Stabilization des Prix. Communication à la Société de Statistique de Paris", *Ce 15 janvier*, 1913. Reprinted from its journal. pp. 10–24. Discussion by Edmond Thery, G. Roulleau, Aug. Deschamps, Adolphe Landry, Lucien March, Irving Fisher.

ZEUTHEN, F. "Irving Fisher's Forslag til Prisniveauets Stabilisering". *Nationalokonomisk Tidskrift*, July–August, 1913. pp. 350–364. Copenhagen, 1913.

CASSEL, GUSTAV. "The Stability of the Gold Standard". Quarterly Report, *Skandinaviska Kreditaktiebolaget*, October, 1924. pp. 53–64.

Stockholm, Sweden, P. A. Norstedt & Söner, 1924.

LEWIS, GILBERT N. "A Plan for Stabilizing Prices". *Economic Journal*, Vol. XXXV. pp. 40–46. London, Macmillan & Co., 1925.

CASSEL, GUSTAV. "The Shortage of Gold". Quarterly Report, *Skandinaviska Kreditaktiebolaget*, October, 1926. pp. 49–52. Stockholm, Sweden, P. A. Norstedt & Söner, 1926.

FISHER, IRVING. "A Statistical Relation between Unemployment and Price Changes". *International Labour Review*, Vol. XIII. pp. 785–792. Geneva, Switzerland, International Labour Office, 1926. Separate reprint.

FUSS, HENRI. "Unemployment in 1925". *International Labour Review*, Vol. XIV. pp. 203–231. Geneva, Switzerland, International Labour Office, 1926. Separate reprint.

MCKENNA, REGINALD. "The Transition to Gold". *Midland Bank Limited Monthly Review*, January-February, 1926. pp. 1–5. London, Midland Bank Limited, 1926.

CASSEL, GUSTAV. "The Connection between the Discount Rate and the Price Level". Quarterly Report, *Skandinaviska Kreditaktiebolaget*, October, 1927. pp. 61–64. Stockholm, Sweden, P. A. Norstedt & Söner, 1927.

D'ABERNON, RT. HON. VISCOUNT. "German Currency, its Collapse and Recovery, 1920–1926". Presidential Address to Royal Statistical Society, 1926. *Journal of the Royal Statistical Society*, Vol. XC. pp.

1–40. London, Royal Statistical Society, 1927. Separate reprint. pp. 40.

FUSS, HENRI. "Money and Unemployment". *International Labour Review*, Vol. XVI. pp. 601–617. Geneva, Switzerland, International Labour Office, 1927. Separate reprint.

HANTOS, E. "Die Kooperation der Notenbanken im Dienste der Konjunkturpôlitik". *Bank-Archiv*, 1 October, 1927.

MCKENNA, REGINALD. "American Prosperity and British Depression". *Midland Bank Limited Monthly Review*, January-February, 1927. pp. 1–6. London, Midland Bank Limited, 1927.

MIDLAND BANK LIMITED MONTHLY REVIEW. "The Course of Gold Values". May–June, 1927. pp.1–6. "The Problem of Gold Values, Regulating Demand or Supply". June–July, 1927. pp. 1–5. "The Problem of Gold Values, National and International Stabilisation Projects". July–August, 1927. pp. 1–5. "Stabilising the Value of Gold, A Scheme of Anglo-American Collaboration". August–September, 1927. pp. 1–5. London, Midland Bank Limited, 1927.

OHLIN, BERTIL. "The Future of the World Price Level". Index, June, 1927. pp. 2–9. Stockholm, Sweaen, *Svenska Handelsbanken*, 1927.

OSTERBERG, S. E. "The Standardizing Movement of To-day". Index, No. 22, October, 1927. pp. 2–9. Stockholm, Sweden, *Svenska Handelsbanken*, 1927.

TAUCHER, W. "Banknotenpolitik und Konjunktur und Krise".

Jahrbücher für Nationalökonomie und Statistik, January, 1927. pp. 1–38.

CASSEL, GUSTAV. "The Influence of the United States on the World Price Level". Quarterly Report, *Skandinaviska Kreditaktiebolaget*, January, 1928. pp. 1–5. Stockholm, Sweden. P. A. Norstedt & Söner, 1928.

WIGGLESWORTH, F. "Gold and Stability". *Contemporary Review*, April, 1928. pp. 478–483. The Contemporary Review Co., Ltd., London,1928.

附录四
引　文

一些读者可能会对以下来自其他学者和其他主张稳定货币者的语录感兴趣。它们大部分由稳定货币协会（纽约市第五大道104号）收集出版。

Chamberlain, Lawrence, *The Principles of Bond Investments,* 1911.

"对于长期放款来说，利息固定涉及比利息支付的确定性和规律性更为深刻的问题，那就是货币的未来购买力……如果按照任何可能的会计制度，放款人能够根据'生活必需品的当前购买力'收取利息，那就更好了。"（原书第17页）

Mott, Howard S., Vice-President, Irving National Bank, New York, May, 1920.

"所有剧烈的或长期持续的或大范围的价格变动，可能比所有其他事情加在一起造成的人类痛苦还要多。"

Miller, A. C., Member Federal Reserve Board, at the joint conference of the chairmen and governors of the Federal Reserve Banks, Washington, D. C., October 26, 1921.

“我们应该像避免通货膨胀一样严肃地避免通货紧缩。我所说的通货膨胀，指最终导致一般物价上涨的信贷扩张。我所说的通货紧缩，指最终导致物价下降的信贷控制。好的经济和信贷政策将努力在这两个危险的浅滩之间寻求中间路线。”

Cassel, Gustav, *Money and Foreign Exchange After 1914*, New York, Macmillan, 1922.

“能够促进世界贸易和总体福利的货币体系，其唯一必须具备的特征就是稳定。”（原书第254页）

“维持黄金价值稳定是个有广泛意义的问题。与其他商品的价值一样，黄金的价值的确也由供求关系决定。但是，如果有人因此断言我们不能对黄金价值施加任何影响，他就犯了大错。黄金的供给大体上取决于世界黄金储备量和黄金年产量，而黄金年产量主要取决于自然条件，但在某种程度上受到黄金购买力的影响。另一方面，我们可以对黄金需求施加相当大的影响，也就是说，对货币需求施加很大影响……如果希望未来黄金价值稳定，各国中央银行必须合作，适当限制对黄金储备的需求。这些需求不能太小，但也不能太大，必须根据市场情况不断合理调整，以维持黄金价值稳定。未来，限制黄金需求将成为各大中央银行的首要黄金政策。央行保持黄金储备的目的，主要是稳定世界黄金

市场。”（原书第263—264页）

Filene, Edward A., *New York World*, May 21, 1922.

“按照经济学家提出的路线稳定美元购买力，有时也许能够解决不实工资（即未按购买力调整的工资）的一些问题。科学的解决办法是非常可取的……”

Selections from Resolutions of the Genoa Economic Conference in 1922.

“《公约》的目的是集中和协调对黄金的需求，从而避免黄金购买力的大幅波动。”

Goldsborough, Hon. T. Alan, M. C., in the House of Representatives, May 23, 1922.

“我坚信货币的购买力是可以稳定的。我相信，一旦我们有了解决办法，就会发现稳定货币很简单；我相信，解决办法很快就会出现在相关法律中。”

McKenna, Right Honourable Reginald, Chairman Joint City & Midland Bank, at the Annual Meeting, January, 1922.

“当然，（通货膨胀和通货紧缩）都是糟糕的。我们需要的是稳定，通货膨胀和通货紧缩都背离了这个目标。当价格稳定时，我们就有了可以放心交易的基础。”

Iowa Bankers' Association in Convention at Ames, Iowa, 1923.

"联邦储备委员会的职责是实施《联邦储备法》，保护国家不受未来通货膨胀和通货紧缩的危害。我们欣赏人们为保障货币购买力而努力寻求最优法律方案的精神。"

Snyder, Carl, Economist Federal Reserve Bank, New York, in *American Economic Review,* June, 1923.

"我们不应该再有令人震惊的、无休止的罢工、工资纠纷和交通堵塞；因为几乎每一次罢工和工资纠纷都是由不断变化的货币购买力导致的，如果购买力水平能够稳定，很大一部分所谓的劳资问题就会消失的。这样一来，我们的发明家、发现者、工程师、效率和生产领域专家就用了用武之地，他们可以设法提高劳动效率，更加均衡地分配产品，使人类的劳动多样化和减轻劳动负担。"

Strong, Benjamin, Governor Federal Reserve Bank of New York, in *Collier's Weekly*, 1923.

"劳动争议很少是非常严重的、长期的和混乱的，除非它们与补偿有关，而补偿纠纷几乎总是在物价上涨的时候出现。

"物价下跌会引起人们对法定货币和政府补贴的需求。

"因此，与1909—1915年的情形一样，工业和国家稳定的基本条件不就是价格稳定吗？

“我赞同亨利·福特的观点：广大工人最渴望的就是就业保障和足够的工资，这代表着公平和稳定的购买力。”

Zimmerman, Dr. Alfred, Commissioner General of the League of Nations at Vienna, interview reported in the press of October 29, 1923.

“一旦有了健全的金融管理和稳定的货币政策，通货膨胀最终会回落，人们的信心将回归。”

Alexander, James S., Chairman National Bank of Commerce, New York, in annual address to shareholders, January 8, 1924.

“尽管很多人相信只有物价上升才能保证繁荣，但真正的繁荣取决于稳定。”

Beckhart, B. H., *Discount Policy of the Federal Reserve System,* Henry Holt &, Co., New York, 1924.

“建立储备银行的目的，并不仅仅是防止货币恐慌或缓解货币市场在秋季的紧张局势，尽管这两个目的因此都实现了。建立储备银行的目的也不是放款给成员银行，然后成员银行再向公众放款。储备银行的作用是促进物价稳定，从而促进国家经济生活的稳定。”（原书第538页）

Foster, W.T, Director Pollak Foundation, and Catchings, Waddill, of

Goldman, Sachs and Company, in *Harvard Business Review*, April, 1924.

“因此，货币系统的最大需求是稳定的价值单位，这并非偶然。即使我们没有其他证据，美国过去五年的经验也应该让我们相信，美国并不是靠存款准备金率来防范通货膨胀的，银行信贷也不仅仅是‘为了满足商业的合法需求’或‘正常融资过程’而扩张的……至少有四个理由能够说明，为什么当前应将美元稳定作为政策目标。”

Keynes, John Maynard, *Gold in 1923*, The New Republic, Febuary 27, 1924.

“货币改革有两个目标：一是纠正信贷周期，缓解失业和所有不确定因素；二是将货币标准与真正重要的东西联系起来——这个真正重要的东西是主要消费品的价值而不是黄金，埃及和迦勒底银行的董事们认为黄金是一种神奇的财产，但它本身并没有任何用处，未来也没有多少前景。”（原书第11页）

Wolff, Dr. Frank A., Bureau of Standards, Washington, D. C., before the Committee on Banking and Currency of the House of Representatives, February 26, 1924.

“预算委员会必须面对且无法控制的最大困难之一，是价格水平不稳定。”

D'Abernon, Right Honourable Viscount, *German Currency: Its Collapse and Recovery, 1920–1926*, Royal Statistical Society, London, England, 1926.

"在公平问题上，颇具讽刺意味的事实是，在德国最终因通货膨胀而遭受最大损失的阶级，正是那些在早期阶段对通货膨胀最赞同的阶级。他们认为固定期限放款，例如六个月后偿还，将带给他们更多利润，因为他们认为纸币持续增发，他们能发放更多贷款。他们自然地认为，促进这种美好的借贷业务的货币制度不可能是完全邪恶的或不合理的。只要货币贬值保持在适度范围内，他们的计算就是合理的，但最终的结果是，当最终崩溃来临时，通过这种精明的计算获得的所有利润都在灾难中消失了，而他们所赞成的货币过度发行，导致他们所持资产的很大一部分被蒸发，以至于他们的暂时收益被一扫而光。"（原书第38页）

Hoover, Herbert, Secretary of Commerce, *The World's Work,* January, 1926.

"我们都希望这个经济体系有更大的稳定性，使人们在就业和商业上有保障。"

Rovensky, John E., *Installation Address* at the Annual Dinner and Meeting of the Stable Money Association, at St. Louis, Mo., Dec. 30, 1926.

"近期最紧迫的经济问题是货币购买力的稳定。这一问题是世界性的——尽管有些国家比其他国家更为严重，但在某种程度上它无处不在。

“令人满意的是，世界正或多或少地逐步回归金本位制，因为它比大战期间采取的任何一种权宜之计都能使货币的购买力更加稳定。然而，我们也清醒地认识到，即使世界普遍使用金本位，在最好的情况下，这只是回到了战前世界的手段。我们面临着比金本位制度下更严峻的货币稳定问题。在金本位制度下，货币仅基于一种商品，即黄金。黄金的生产、分配和使用条件的变化，都会影响货币价值。”

Strong, Hon. James G., M. C., in speech before House of Representatives, February 20, 1926.

“根据我的判断，美国国会宣布货币稳定的时机已到。美国国会被赋予行使‘铸造货币’和‘调节货币价值’的权力。在世界历史上，当前是实现货币稳定的适当时机。我们拥有世界上近三分之二的黄金，可以安全地指导金本位下价格的稳定。

“1913年，参议员欧文提交的联邦储备法案实际上有一条规定，要求联邦储备系统由其官员操作，以‘促进物价水平的稳定’。此外，据我所知，这是在总统及其财政顾问批准后写在法案中的，但当时世界大战即将打响，工商业世界取得这一重大进展的时机尚未到来。现在各方面的条件已经完全成熟。”

Willis, H. Parker, *Presidential Address* to the Stable Money Association, at St. Louis, Mo., Dec. 30, 1926.

“我们当前面临的改革非常重要，我们应该尽最大努力避免语言的极端化，避免过分夸大它可能带来的好处。货币单位购买力的稳定不会带来经济上的千禧年，但它应该能够大大减轻目前不稳定状态下存在的一些非常严重的弊端。向社会说明这些罪恶是如何产生的，并且让公众相信可以通过稳定货币来减少这些弊端，是这场运动的根本（即重要）任务。

“我认为，人们现在对价格水平波动的恶果有了更广泛的认识，而且更真切地认识到需要补救并且能够找到补救办法。”

Ford, John, Justice of the Supreme Court of the State of New York, December 15, 1927.

“近半个世纪以来，我一直认为，错误的货币供给管制模式所造成的价格波动是人类最严重的罪恶之一，而且由于缺乏对一般价格与交换媒介数量之间关系的了解，人们允许这种波动折磨着世界各个国家。”

Kemmerer, Professor E. W., at meeting of the Stable Money Association, December, 1927.

“世界迟早必须学会如何稳定金本位制，或设计其他货币标准来取代金本位制。

“在当今世界经济组织中，最严重的缺陷莫过于下列事实：我们使用的价值单位不是价值固定的东西，而是重量固定但价值剧烈波动的黄金。美国在不到半个世纪的时间里，价值尺度，即一金元的价值，波动情况如下：1879—1896年，一金元的价值上升了27%。1896—1920年，下降了70%。1920—1927年9月，上升了56%。这就好比，1879年美国恢复金本位制时，价值为36英寸长，1896年为46英寸；1920年是13.5英寸，当前为21英寸。”

Lazard, Max, *Rapport sur Les travaux de la Commission d'experts financiers chargés d'etudier la question du Controle International du Crédit,* September 14–18, 1927, Vienna.

“目前为止所得的经验表明，价格总水平的上升与繁荣之间有着明显的巧合，而其下降则与萧条时期巧合……

“因社会购买力基本取决于一般信贷规模，因此，在价格指数趋于上升时限制信贷工具的使用，而在指数趋于下降时加强信贷工具的使用，似可实现预期目标……

“委员会认为，协会的各国团体都应尽力寻找在各自国家实施上述原则的可能性，并在这种可能性的限制内尽力使这些原则继续行之有效。

“它（委员会）建议各国政府，就一般价格水平及其调整办法，采取措施任命官方调查委员会。”

Midland Bank Limited Monthly Review, “The Problem of Gold Values Regulating Demand or Supply”, London, June–July, 1927.

“历史表明，除了战争和宗教冲突之外，没有哪个因素能比一般价格水平的剧烈可变性造成更大痛苦和不幸。这听起来很夸张，但事实上并不夸张，因为自从货币成为文明社会生活的重要因素以来，世界各国发生的事件清楚表明了这一点。稳定的物价水平是人们所期望的，仅次于国际和国内和平。”

Pigou, Professor A. C., *Industrial Fluctllations*, Macmillan and Co., Ltd., London, 1927.

“我认为，在成功实施稳定物价政策之后，产业波动的幅度将大大降低——可能会降至目前的一半，但仍可能有相当大的波动。”（原书第198页）

Vernon, Lord, *Coal and Industry, the Way to Peace*, Ernest Benn, Ltd., London, 1927.

“如果货币的价值确实可以上下调整，那么我们就可以使用这种方法让其在合理范围内保持不变。

“有些人经常含糊而神秘地暗示，中央银行手握调整货币价值的武器，如果把这件事交给美国联邦储备委员会和英国英格兰银行，一切都将在幕后得到妥善解决。然而，战前的结果似乎不支持这种模糊的乐观主义；更为重要的是，这种观点不仅不民主，而且对公众很不公平，因为他们有权知道中央银行对他们的钱做了什么。”（原书第29、35页）

Warburg, Paul M., Chairman, Committee on Banking and Currency of the Merchants' Association of New York, May 24, 1927.

"协会的观点与普遍的观点相同，即稳定的物价水平有利于国家利益，而且联邦储备委员会和联邦储备银行在制定贴现和公开市场投资政策时，应该永远记住这一目标。

"……人们也不应该形成错误印象，认为联邦储备系统要为未能实现这一理想目标承担责任（无论该系统官员在实现价格稳定的方向上做出多大的努力）。这是因为，正如我们已经指出的，这个理想目标只有当世界各国在同一方案下合作才能实现，而这超出了联邦储备系统的控制。"

Mellon, Andrew W., Secretary of the Treasury. Address before Chamber of Commerce of Charlotte, North Carolina, January 19, 1928.

"如果我们的剩余产品要找到出口市场，世界各国就必须在良好的基础上重建。只有这样，企业才能预先计算出必须支付的原材料价格，才能更准确地计算出产品的价格。如果能做到这一点，企业就能扩大规模，增加在外国的采购，这就意味着企业对我们的剩余产品的需求会更大，我们的业务和其他国家的业务都会扩大。

"在这个动荡的货币时期，我们的国家肩负着维护世界稳定的重大责任。幸运的是，我们有联邦储备系统，它不仅能够对我们本国货币市场的稳定发挥重要影响，同时也能帮助国外进行金融重建。

“美联储系统的工作是沿着合理的、建设性的路线进行的。然而，最大的错误是对它期望太高。美联储不是万能药，它不可能解决这个国家的所有金融和经济问题。无论是联邦储备系统还是其他任何系统，都无法控制价格。制度所能做的最大限度，就是在一定程度上，不时地对信贷总量及其成本施加影响。虽然信贷是影响价格的一个因素，但它既不是唯一的因素，也不是控制因素；如果仅仅因为美联储可以对信贷量实施有限的控制，就要求它承担控制价格的责任，那么这就是要求美联储完成不可能的任务。”

Commons, John R., “Farm Prices and the Value of Gold”, *The North American Review,* January and February, 1928.

“国会已经赋予联邦储备系统相应权力，使它们能够控制黄金的价值和世界价格总体水平，但国会除了规定‘商业和金融相容’这种模糊不清的政策外，没有制定任何具体政策。因此，美联储当局不得不承担‘不公平的’责任，也就是说他们必须利用他们未经国会指示的私人判断力，来判断国家需要什么以及想要什么。国会的这种疏忽已经导致美联储系统内部在一些问题上出现了分歧，例如，是统一降低再贴现率，以帮助欧洲购买美国的农产品出口，还是保持较高的再贴现率，以帮助银行获利。如果国会保留了美联储法案初稿中维持物价水平稳定的条款，那么这种明确政策可能会产生有益的效果，正如美联储在1923年控制了通货膨胀和1925年控制了通货紧缩一样。1919年和1920年的价格极端波动，原本可以通过迅速控制通货膨胀和降低通货紧缩的严重性避免。

“这并不意味着黄金价值的稳定本身会改变工业价格和农产品价格之间的价差，或是解决农业问题的灵丹妙药，但它将减少未来价差的剧烈变化。黄金的稳定价值，仅意味着所有商品价格平均值的稳定，并不一定会改变构成平均值的特定价格之间的涨跌。”

Editorial, Saturday Evening Post, April 7, 1928.

“很多人依靠债券提供的固定利息生活，但战争期间他们得到了惨痛教训。就像往常一样，他们用美元购买债券，债券利息也用美元支付给他们。然而，他们得到的美元已经失去了一半的购买力。尽管在名义上1美元还是1美元，好像他们的收入未变，然而如果按照食物、住房和衣服的购买力计算，现在的1美元仅相当于过去的0.5美元，也就是说他们的实际收入减少了一半。

“基础经济学的这一课既实用又令人生气，因此出现了一种证券，而且购买人数稳定上升。这些投资者的主要关注点不是资本增值，也不是以美元衡量的收入的稳定，而是购买力的稳定。”

Wells, H. G., *Has the Money-Credit System a Mind?* The Saturday Evening Post, May 5, 1928.

“世界需要货币和信贷系统满足三个条件。首先是值得信赖的工资。这意味着无论是一天、一周还是一个月的工作的报酬，都必须遵守它对工人的承诺。它必须代表绝对稳定的购买力，而且决不能蒸发。如果工人拿到工资以后，隔了一段时间才买东西，必须保证他买到的东西与当初一拿到工资买到的一样多，也就是说必须保证购买力不变。当货币给予工人充分保证时，工人就会尽力而为。如果不能做到这一点，他的士气就会降低，他就会愤怒……为了满足人们的幸福感和生产成就感，除了工资保障外，还需要就业保障。"

Views of one hundred British Industrialists, New York Times, May 27, 1928.

"产业界100位人士，包括前驻美大使奥克兰·格迪斯（Auckland Geddes）爵士和登比格（Denbigh）勋爵，联名致信鲍德温（Baldwin）首相，他们写道：'英国工业的弊病不是由于高税收，而是由于目前的货币制度。'

"联名信在提出解决产业弊病的方案时说：'我们认为，更稳定的货币信贷体系和能够稳定物价水平的手段，是恢复国家伟大基础产业繁荣的先决条件。它们的重要性，远远超过政府被迫采取的权宜之计。'"